JN200086

ワクワク!!

# ローカル鉄道路線

◆著◆ 梅原 淳

## 北陸・信越・中部編

# もくじ

# はじめに

全国に広大なネットワークをもつ鉄道は、それぞれがさまざまな役割を与えられて建設されました。人々が都市と都市との間を高速で移動する目的で整備されたのは新幹線ですし、大都市のJR、大手民鉄、地下鉄各社の路線は、都心部への通勤や通学の足となるためにつくられました。今日では少なくなりましたが、大量の貨物を運ぶためだけの目的で線路が敷かれた路線も工業地帯を中心に健在です。

そのようななか、もともと人があまり住んでいない地域ですとか、過疎化が進んだ地域を行く鉄道も各地で見られます。終点がある程度の規模の都市にあり、途中は人口がまばらなところというのでしたらまだしも、乗っているうちにどんどん人の気配が薄れていく路線も少なくありません。

もちろん、こうした路線も立派な役割を担って建設されました。交通の便が悪かった地域に鉄道を敷いて人々や物資の移動に役立てると同時に沿線の開発や振興を図るとか、沿線で産出される品々を大都市に出荷するためであるといった目的です。しかし、いま、ローカル線と呼ばれる鉄道の多くは、計画されていたときの役割を果たせなくなってしまいました。時代の変化に伴って果たすべき事柄が消えてしまったのです。沿線の開発や振興は成し遂げられ、人々や物資の移動はより小回りの利く自動車に取って代わったからといえるでしょう。

本書では全国を「北海道・北東北」「南東北・北関東」「南関東広域」「北陸・信越・中部」「関西」「中国・四国・九州・沖縄」の6つの地域に分け、ローカル線を紹介することとしました。取り上げるにあたっては3つの点を重視しています。

まずは今後の動向です。近い将来に営業が廃止されるような予定や動きが見られる路線は、やはり優先的に取り上げました。

続いては旅客や貨物の輸送量です。少々専門的となってしまいますが、その路線の1kmにつき、1日当たりどのくらいの人数の旅客やトン数の貨物が通過しているかを基準としました。原則として旅客は4000人未満、貨物は4000トン未満の路線から選んでいます。

最後は路線のもつ特徴から判断しました。旅客や貨物の通過量が少ない点に加えて、たとえば、険しい峠越えが待ち構えているとか、延々と海沿いに敷かれているとか、ほかの路線にはない際立った特徴をもつ路線はやはり紹介しなければなりません。

全線を通じて見れば旅客や貨物の通過量が多く、ローカル線とは考えられないものの、全国には同じ路線内でも一部の区間だけ極端に旅客や貨物の通過量が少ない路線が数多くあります。概してこのような区間は非常に際立った特徴をもつといえますので、できる限り紹介しました。

本巻では新潟県、富山県、石川県、福井県、長野県、静岡県、愛知県、岐阜県、三重県の各県を通る路線を対象とし、合わせて「北陸・信越・中部」として紹介しました。今回取り上げた地域は標高2000m以上の山々が多数そびえていることで知られ、全体の傾向として険しい山岳路線が顔をそろえています。急な坂道を鉄道がどのように克服したのかという点にも興味を抱いていただければ幸いです。最後に、矛盾したことをいいまして恐縮ながら、本書で紹介した路線の数々が今後変貌を遂げて、ローカル線でなくなることを祈りたいと思います。

梅原 淳

凡例

○本書で紹介した各路線についての状況は、2018（平成30）年4月1日現在のものです。ただし、旅客輸送密度は2015（平成27）年度の数値となります。旅客輸送密度の求め方は「年間の輸送人員×旅客1人当たりの平均乗車キロ÷年間の総営業キロ」です。

○文中で「橋りょう」とは、鉄道の構造物で川や海などの水場、それから線路、道路などを越えるもののうち、川や海などの水場を越えるものを指します。

○こう配の単位のパーミルとは千分率です。水平に1000m進んだときの高低差を表します。

01

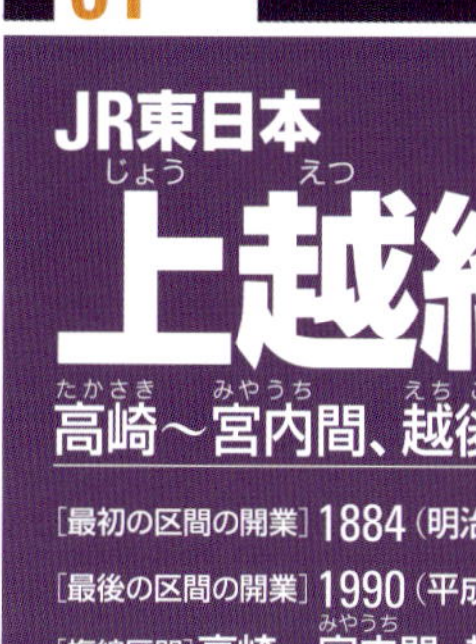

JR東日本

# 上越線

高崎～宮内間、越後湯沢～ガーラ湯沢間 [営業キロ] 164.4km

[最初の区間の開業] 1884（明治17）年8月20日／高崎～新前橋間

[最後の区間の開業] 1990（平成2）年12月20日／越後湯沢～ガーラ湯沢間

[複線区間] 高崎～宮内間、越後湯沢～ガーラ湯沢間

[電化区間] 高崎～宮内間／直流1500ボルト、越後湯沢～ガーラ湯沢間／交流2万5000ボルト・50ヘルツ

[旅客輸送密度] 5511人

## 大幹線ながら全国屈指の山岳路線

JR東日本の上越線は2系統の路線から成り立ちます。一つは高崎線や信越線、上越新幹線の列車も発着する群馬県高崎市の高崎駅を起点とし、信越線の列車も発着する新潟県長岡市の宮内駅を終点とする162.6kmです。もう一つは上越新幹線の列車も発着する新潟県湯沢町の越後湯沢駅から、同じく湯沢町のガーラ湯沢駅までの1.8kmを結ぶ区間となります。

上越線は、1982（昭和57）年11月15日に上越新幹線が開業するまで、首都圏と新潟県とを結ぶ大幹線でした。その名残りで全線が複線で電化されています。いまは長距離の旅客は上越新幹線に移行し、主に地域の人々向けの交通機関として利用されているいっぽう、貨物列車は多数運転されています。

○高崎～水上間では、蒸気機関車がけん引する観光列車の「SLぐんま みなかみ」が週末を中心に運転されている。*

この路線の2015（平成27）年度の旅客輸送密度は5511人でした。本巻で取り上げるローカル鉄道路線の基準値を上回っています。しかし、JR東日本によりますと2017（平成29）年度の旅客輸送密度は渋川駅と水上駅との間は3685人、水上駅と越後湯沢駅との間は727人、越後湯沢駅と六日町駅との間は2840人、六日町駅と宮内駅との間は3552人、それから越後湯沢駅とガーラ湯沢駅との間は810人でした。高崎～渋川間を除く区間を紹介しましょう。

渋川駅を出発しますと、JR東日本の吾妻線が左に分かれます。と同時に上越線の線路は右にカーブ。利根川を渡り、渡り終えたら左に曲がってこの川を左に見ながら並走します。

敷島駅を経て津久田駅までは利根川によって形成された谷間の平野を進みますが、津久田駅を過ぎたとたんに山地が迫ってきました。それまで見ることのできた市街地や田畑から、山の斜面、そして並走する利根川や国道17号へと景色は変わります。しかし、津久田駅から利根川を4回渡りますと、比較的大きな市街地に入り、沼田駅に到着です。

上牧駅の下り列車用のプラットホームからの眺め。写真左後方で雪をかぶった山が谷川岳だ。*

沼田駅を出発した列車はしばらくの間、市街地や田畑のなかを進みます。後閑駅を過ぎて関越自動車道の高架橋をくぐったあたりから山が列車の右側に迫り、左側に利根川という山あいの光景に変わりました。上牧駅を過ぎて、いよいよ谷間は深まります。やがて利根川の向こう側に群馬県みなかみ町の市街地が見えてくると、線路は右にカーブし、その途中にある水上駅に到着です。

渋川駅から水上駅まで、列車は少しずつ坂を上ってきました。水上駅を出発しますとこう配はさらに厳しく20パーミルとなり、列車はここから新潟県南魚沼市の石打駅までの間の41.5kmは、全国でも有数の山岳区間に挑まなくてはなりません。

## 水上～越後中里間の上り線は2カ所のループ線を行く

水上駅を出た列車は引き続き利根川沿いの狭い谷間を進み、次の湯檜曽駅に到着する直前で高崎駅方面の上り線と分かれ、左に曲がってトンネルに入ります。長さ約1万3500mの新清水トンネルです。このトンネルに進入したとたんに湯檜曽駅に到着です。

湯檜曽駅と越後中里駅との間の大部分で、宮内駅方面の下り線と高崎駅方面の上り線とは別の場所に敷かれています。開業は上り線が1931（昭和6）年9月1日と古く、下り線は1964（昭和39）年9月30日または1967（昭和42）年9月28日と後の開業です。

下り線では、一方通行のこのトンネルを4kmほど進みますと、再びトンネル内の駅に到着します。土合駅です。下り線のプラットホームから、上り線に設けられた土合駅の



キャプションに*印がついている写真は、ピクスタ提供によるものです（以下同）。

駅舎へは500mほど離れています。しかも駅舎まではトンネルとなっている通路の階段を462段上り、地上に出てからも12段ずつ2カ所の階段を上らなくてはなりません。

土合駅を出た列車はさらに9kmあまりトンネルを走ります。長らく続いた上り坂は土合駅から6kmほどのところまで。その後は下り坂となります。新清水トンネルを出ますと上り線が寄り添い、土樽(つちたる)駅に到着です。

一方、上り線は新清水トンネルの出口付近で長さ9702mの清水トンネルに入ります。列車は土合駅の近くでトンネルを出て、すぐに土合駅に到着です。土合駅を出発しますとトンネルが続きます。2つ目のトンネルを出たら列車の前方右下に注目してください。湯檜曽駅が見えています。でも、ここから湯檜曽駅までは約47mもの高低差があって一直線に目指すとこう配がきつくなりすぎます。

上越線の名物といえば2カ所に設けられたループ線だ。写真は湯檜曽～土合間のループ線で、写真の上に見える列車はぐるっと一回りした後、写真の下に見える線路へと降りてくる。*

そこで、ここから先はらせんのようにぐるりと一回転して坂を降りるループ線となっていて、左回りに3kmほどと2kmあまりも迂回して湯檜曽駅に向かうのです。とても面白い光景ですが、ループ線の大部分はトンネルですので、あまり見晴らしはよくありません。

土樽駅と越後中里駅との間も湯檜曽～土合間と似たつくりとなっています。下り線と上り線とが別の場所を走り、しかも上り線には高崎駅方面に向かって右回りのループ線が設けられました。

さて、駅のすぐ東側にスキー場がある越後中里駅を過ぎますと、周囲は開けてきて、水田のなかを走ります。下り坂のこう配は相変わらず20パーミルと厳しいなか、左側から上越新幹線の高架橋が近づいたかと思うと市街地となり、越後湯沢駅に到着です。

越後湯沢駅ではガーラ湯沢駅方面の線路が分岐するはずですが、どこにも見当たりません。実は越後湯沢～ガーラ湯沢間は上越新幹線から分かれています。もともと上越新幹線の保守基地に出入りするための線路をGALA湯沢スキー場へのアクセス路線とし

土合駅の下り線のプラットホームは新清水トンネルの中に設けられたため、駅舎へは長い階段を延々と登って行かなくてはならない。*

全国有数の豪雪地帯を行くため、上越線では除雪車両の活躍が見られる。写真に見えるロータリー車は後方の新清水トンネルから出てきたところ。写真左側に見える上り線が入るトンネルは清水トンネルである。*

て整備したもので、冬季の間しか営業していません。列車の速度は時速70km程度と遅いので、新幹線ではなく在来線の上越線として扱われています。この区間は上越新幹線と分かれた後にトンネルに入り、出たらもう駅という具合に景色を楽しむ余裕はあまりありません。

さて、本線の長らく続いた急こう配区間は石打駅までです。周囲はいっそう開け、田畑のなかを列車は進みます。六日町駅では北越急行のほくほく線、小出駅ではJR東日本の只見線、越後川口駅ではJR東日本の飯山線と、多くの路線が分岐しているのも上越線が幹線であるからです。

上越線の線路は越後湯沢駅から越後川口駅までは魚野川、越後川口駅から宮内駅までは信濃川にほぼ沿って敷かれています。おおむねこれら2つの大きな川が形成した平地にある水田地帯のなかを行きますが、ところどころで山が迫りトンネルで越えざるをえません。なかでも、新潟県南魚沼市の八色駅と同県魚沼市の小出駅との間では、下り線は長さ1463mの新福山トンネル、上り線は長さ1349mの福山トンネル、同県魚沼市の北堀之内駅と同県長岡市の越後川口駅との間には長さ1205mの中山トンネルと比較的長いトンネルが待ち構えます。ほかにもトンネルはあり、一部のトンネルの出入口にはなだれから線路を守るためのスノーシェッドというコンクリート製のおおいが設けられているのも、豪雪地帯を行く上越線ならではです。

越後滝谷駅を出た列車は一直線に水田地帯のなかを進みます。やがて左斜め後方からやって来た信越線の線路を右に曲がりながら乗り越し、そのまま一緒に走って終点の宮内駅に到着しました。

越後中里駅を宮内駅側から高崎駅側へと見たところ。後方に見えるスキー場は湯沢中里スキー場だ。*

越後湯沢〜ガーラ湯沢間は写真のとおり、実質的には上越新幹線である。写真のガーラ湯沢駅からはゴンドラに乗り、降りればゲレンデだ。*

JR東日本・JR西日本

# 大糸線

**松本～南小谷間**（JR東日本）、**南小谷～糸魚川間**（JR西日本）

［営業キロ］105.4km（JR東日本70.1km、JR西日本35.3km）

［最初の区間の開業］1915（大正4）年1月6日／北松本～豊科間

［最後の区間の開業］1957（昭和32）年8月15日／中土～小滝間

［複線区間］なし

［電化区間］松本～南小谷間／直流1500ボルト

［旅客輸送密度］3337人（松本～南小谷間）、197人（南小谷～糸魚川間）

## 立山黒部アルペンルートへの入口となる路線

JR東日本・JR西日本の大糸線は長野県松本市の松本駅を起点とし、新潟県糸魚川市の糸魚川駅を終点とする長さ105.4kmの路線です。大糸線は途中の南小谷駅を境に松本駅側をJR東日本が、糸魚川駅側をJR西日本が保有しています。

松本駅を出発しますと、大糸線の線路の右隣に篠ノ井線の単線が並走しているのに気づくでしょう。やがて、大糸線の列車は北松本駅に停車しますが、篠ノ井線の線路にプラットホームはありません。

このような取り扱いはなぜかといいますと、国有鉄道として開業した篠ノ井線に対し、大糸線の松本駅と信濃大町駅との間の35.1kmは私鉄の信濃鉄道として開業した影響が残っているからだと考えられます。信濃鉄道は1937（昭和12）年6月1日に国有化されました。しかし、北松本駅は松本駅からの距離が700mと近いこともあり、その後も篠ノ井線の列車は停車していません。

北松本駅を出てから600mほど進むと、大糸線は篠ノ井線に対して西側へと分かれていきます。線路の周囲は相変わらず松本市の市街地です。島内駅、島高松駅と過ぎ、梓川

立山黒部アルペンルートの中心となる黒部ダム。堤の高さは186mで全国のダムのなかで最も高い。*

信濃大町駅は大町温泉、そして立山黒部アルペンルートの長野県側の入口である。*

スキー場の白馬岩岳スノーフィールドを背に、JR東日本の「リゾートビューふるさと」が南小谷駅方面へと向かう。信濃森上～白馬大池間。*

を渡り終えますと、長野県安曇野市に入り、駅周辺は市街地、その他は住宅または水田という光景に変わりました。

元は信濃鉄道であった区間は松本盆地と呼ばれる開けた場所に敷かれています。梓川を渡り終えたあたりから、穂高駅と有明駅との間で渡る穂高川のあたりまで、おおむね10パーミル程度で下り続けます。穂高川を渡り終えるとやはりおおむね10パーミル程度の上り坂が始まりました。線路の周りに山地が徐々に近づき、特に西側には飛驒山脈の標高3000m級の山々が迫るようになるころ、信濃大町駅に到着となります。

信濃大町駅は立山黒部アルペンルートの拠点です。立山黒部アルペンルートとは、信濃大町駅から西に向かって飛驒山脈を横断して富山県の富山市内を目指す観光ルートを指します。バスとトロリーバスとを乗り継いで黒部ダムへ。ここからケーブルカー、ロープウェイ、それに62ページで紹介する立山黒部貫光のトロリーバスに乗って立山の室堂に向かいます。今度はバス、ケーブルカー、44ページで紹介する富山地方鉄道立山線・本線の列車に乗り継いで電鉄富山駅が終点です。

大糸線は、立山黒部アルペンルートの途中にある黒部ダム、そして併設されている水力発電所の黒部川第四発電所の建設に重要な役割を果たしました。1956（昭和31）年から1963（昭和38）年にかけて行われた建設工事の際、建設に従事した人々や建設用の資材の輸送を担ったのです。建設に要した57万トンものセメントや1万6000トンの鋼材の大部分は、愛知県の名古屋市方面から貨物列車に載せられて中央線、篠ノ井線、大糸線を経由して信濃大町駅まで次々に運ばれたのです。

木崎湖のほとりに設けられた海ノ口駅。日の光を浴びて色づいた木々の葉が輝きを放つ。*

信濃大町駅から糸魚川駅までの間は国有鉄道として建設された区間です。実は大糸線の「大」は信濃大町駅、「糸」は糸魚川駅からそれぞれ取られています。

列車が信濃大町駅を出発し、北大町駅を経て信濃木崎駅を過ぎたあたりで急に山が深くなってきました。坂を上るこう配もきつくなり、20パーミルとなります。稲尾駅の手前付近から次の海ノ口駅にかけて列車の左側に見える湖は木崎湖です。

## 自然災害が多発する難所を行く

海ノ口駅を出ますと上り坂のこう配は25パーミルとさらにきつくなりました。坂をほぼ登り切ると簗場駅に到着です。今度は列車の左側に中綱湖が姿を現しました。さらに進んでヤナバスキー場前駅の付近でやはり列車の左側に見えるのは青木湖です。青木湖の周辺はリゾート地として知られ、夏は避暑、冬はスキーやスノーボードが楽しめます。

小滝〜根知間に架けられた第三下姫川橋りょうをJR西日本のキハ120形ディーゼル動車が渡っていく。姫川はたびたび氾濫し、そのたびに大糸線は大きな被害を受けてきた。*

○大糸線の沿線は豪雪地帯であり、大量の積雪は水害とともに列車の運転にたびたび支障を来す。頸城大野駅＊

○終点の糸魚川駅の駅舎は北陸新幹線の開業を機に改築された。駅前広場には、かつてJR西日本側の大糸線で用いられていたキハ52形ディーゼル動車が保存されている。

青木湖が見えなくなりますと線路は下るいっぽうです。こう配は最もきつい場所で25パーミルで、このままずっと糸魚川駅まで下っていきます。

神城(かみしろ)駅を過ぎますと深い山地はひとまず終わり、市街地や水田のなかを進み、白馬(はくば)駅に到着です。駅からは多数のスキー場に行くことができます。

市街地や水田の光景は信濃森上(しなのもりうえ)駅を過ぎたあたりで途切れ、再び深い山地となりました。山地が現れるとともに列車は姫川(ひめかわ)に沿って進むようになり、南小谷駅に到着です。松本駅、糸魚川駅方面から来た列車はすべてこの駅で折り返すとともに、この駅で松本駅からの電化区間は終わります。

南小谷駅を出発しますと、山はいっそう険しくなりました。特に大糸線で最後に開業した、長野県小谷村の中土(なかつち)駅と糸魚川市の小滝(こたき)駅との間は、線路が山の斜面にへばりつくように敷かれており、なだれや落石から線路を守るための柵やおおいが多数設けられているのに気づくでしょう。

大糸線の沿線には糸魚川－静岡構造線と呼ばれる大きな断層があり、山が深いところでは地滑りが多発します。そのうえ、豪雪地帯でなだれが多く、しかも急流の姫川は大雨が降ると氾濫しやすいため、JR西日本が所有する区間はしばしば自然災害にあって不通を余儀なくされました。平岩(ひらいわ)～小滝間などでは復旧に際して経路が一部変更となっています。また、先ほど紹介した中土～小滝間に至っては、建設工事を行っていた1955（昭和30）年10月と翌1956年7月の2回も土砂崩れの被害にあい、線路や橋脚が流されてしまったほどです。

斜面に沿って走る光景は小滝駅の次の根知(ねち)駅を経て頸城大野(くびきおおの)駅の手前まで続きます。線路の周囲は山か川で、駅に近づくと少しの住宅が見られる程度です。でも、頸城大野駅まで来ますと周囲は開けた場所で市街地が広がります。次の姫川駅を出ますと再び山が迫り、長さ246mの水前(すいぜん)トンネルに入りました。このトンネルを出ると糸魚川市の市街地となります。前方に北陸新幹線の高架橋が見えてきたら、列車は右に曲がり糸魚川駅に到着です。

JR東海

# 飯田線

豊橋〜辰野間　[営業キロ] 195.7km

[最初の区間の開業] 1897（明治30）年7月15日／豊橋〜豊川間
[最後の区間の開業] 1937（昭和12）年8月20日／大嵐〜小和田間
[複線区間] 豊橋〜豊川間
[電化区間] 豊橋〜辰野間／直流1500ボルト
[旅客輸送密度] 1899人

## 4つの私鉄が合体してできた路線

時刻表の路線図や地図で、飯田線を見てみると、じつにたくさんの駅があります。飯田線は、豊橋駅と辰野駅との間の195.7kmに、94もの駅があります。平均駅間距離は2.1km。中央アルプスを隔てて並走しているJR東海の中央線が名古屋駅と塩尻駅との間の174.8kmに40駅ですから、飯田線の駅がいかに多いかわかるでしょう。

いまはJR東海が運営している飯田線ですが、元は大正時代から昭和初期にかけて、4つの私鉄が別々に建設した路線です。豊橋駅と大海駅との間は豊川鉄道、大海駅と三河川合駅との間は鳳来寺鉄道、三河川合駅と天竜峡駅との間は三信鉄道、天竜峡駅と辰野駅との間は伊那電気鉄道が建設しました。地元の人々がお金を出し合って建設した私鉄は、

豊橋〜飯田間を結ぶ特急「伊那路」が天竜川沿いの渓谷を行く。平岡〜為栗間*

○豊橋～平井信号場間3.8kmは飯田線と名古屋鉄道名古屋本線とが線路を共用する。途中に設けられた船町駅と下地駅とには飯田線の列車だけが停車し、名古屋本線の列車は停車しない。下地駅　著者撮影

○長篠城駅は長篠の戦いの舞台となった長篠城への最寄駅。駅舎は長篠城をイメージしたつくりとなっているが、長篠城趾には建物は残されていない。*

小さな集落にも駅をつくる傾向があります。飯田線は、私鉄としてつくられたために駅がこんなにも多くなったのです。しかし、戦争の時代を迎えると4つの私鉄は国に買収され、1943（昭和18）年8月、国有鉄道の飯田線となりました。

豊橋駅から出発して、2つ目の下地駅の先、豊川放水路を渡った平井信号場までは、名古屋鉄道名古屋本線と同じ線路の上を走ります。これは、飯田線の前身である豊川鉄道と名古屋鉄道の前身である愛知電気鉄道とが、お互いの線路を共有して複線として運行した名残りです。いまは豊橋～平井信号場間は下り線をJR東海が、上り線を名古屋鉄道が管理しています。

名古屋本線と分かれた飯田線は、当初は豊川放水路、平井信号場から小坂井駅を経て牛久保駅を過ぎたあたりからは、豊川の右岸を北上します。豊川稲荷で知られる豊川駅の先で左に分岐する線路は、日本車輌製造豊川製作所への引込線。JRや私鉄の鉄道車両を製造している工場で、完成したばかりの車両がこの線路を通って各地の鉄道会社へ輸送されることもあります。

新城駅を過ぎると徐々に山が近づきます。鳥居駅を過ぎ、豊川を渡った左側が長篠城址。1575（天正3）年、織田信長・徳川家康の連合軍と武田勝頼の軍勢とが激突した長篠の戦いの舞台です。織田方の密偵・鳥居強右衛門は、援軍到来を確かめた後、武田軍に捕らえられ、この鉄橋のあたりで磔にされました。落城寸前の城に向かって「援軍は来ない」といえば助けてやるという武田に対し、強右衛門は「織田の援軍はそこまで来ている！　がんばれ！」と叫び、長篠城を救ったと伝わります。

さて、本長篠駅あたりから列車は狭い谷に入り、やがて車窓右手に鳳来峡の絶景区間が始まります。湯谷温泉駅と三河槙原駅との間では、宇連川が岩盤の上を流れ、まるで川底に板を敷き詰めたような板敷渓谷が見られます。

## 大自然に囲まれた超・秘境区間

三河川合駅からは険しい山岳地帯。急こう配とトンネル、そして橋りょうが連続し、峠を越えて静岡県に入ると中部天竜駅に着きます。ここは1956（昭和31）年に完成した佐久間ダム建設の基地となった町で、次の佐久間駅の手前で左に巨大な水力発電所の佐久間発電所が見えます。ここから大嵐駅までは、佐久間ダム建設によって、山を一つ隔てた水窪川の谷に線路がつけ替えられた区間。ここでは、城西駅を発車してすぐに渡る第六水窪川橋りょうに注目してください。水窪川左岸から右岸へ渡ると見せかけて、渡りきる前に左岸へ戻ってしまう、通称「渡らずの橋」。建設当初は左岸をトンネルで抜ける計画でしたが、地盤が弱いため、川の上を迂回しているのです。

水窪駅から、長さ5062mと飯田線最長の大原トンネルで天竜川の谷に戻ると、全国屈指の秘境区間が始まります。天竜川に沿って急しゅんな断崖絶壁が続く三河川合～天竜峡間は、あまりの険しさに測量すら困難でしたが、アイヌ人設計技師川村カ子トによって、大きな犠牲を払いながらも1937（昭和12）年に全通しました。いまは佐久間ダムの完成によって多くの集落が沈み、鉄道以外ではほとんどアクセスできない小和田駅のような秘境駅がいくつも点在しています。長野県に入ってもほとんど人工建築物が見えない大自然の中を行き、カモシカや猿を見かけることもあります。

天竜ライン下りの基地である天竜峡駅は、昭和初期に伊那電鉄の駅として開業したモダンな駅舎が現役。ここでようやく列車は山岳地帯を抜けて視界が開け、人家が増えて飯田市街に入ります。

飯田駅は天竜川がつくった河岸段丘の上にあり、線路は市街地を見下ろす丘の上をぐるりと迂回するように敷かれています。2つ先の伊那上郷駅付近では、車窓右手に見晴らす天竜川と伊那盆地の町並みとがみごと。2027年度に開業が予定されているリニア中央新幹線の長野県駅（仮称）は、次の元善光寺駅の近くに建設される予定で、開業すれば東京都と飯田市との間はわずか40分程度で結ばれます。

沿線にリンゴや桃、梨などの果樹

長さ401mの第六水窪川橋りょうでは飯田線の線路は水窪川の右岸（写真左）には渡らず、写真右の左岸から左岸へと戻ってしまう。城西～向市場間*

○小和田駅は駅にたどり着くために必要な道路が存在しないといってよい状態で、俗に秘境駅と呼ばれる。*

○天竜峡駅に到着した辰野駅経由JR東日本中央線の岡谷駅行き普通列車（写真左）と、豊橋駅発、天竜峡駅止まりの普通列車（写真右）。この駅は天竜奥三河国定公園の名勝、天竜峡への最寄駅で、川下りの乗船場まで徒歩2分の道のりだ。*

園が増えてきました。伊那大島駅付近から右に南アルプス、伊那田島駅付近からは左に中央アルプスの峰々が見えてきます。カーブが増え、列車はガタゴトと揺れながら走るようになりました。伊那盆地は、駒ヶ岳など中央アルプスから流れてきた無数の川が天竜川に勢いよく流れ込み、深い谷や河岸段丘、扇状地といった複雑な地形をつくっています。その中を飯田線は地形に逆らわずに蛇行しながら進みます。伊那本郷駅と飯島駅との間や、田切駅と伊那福岡駅との間などでは、いったん川の上流へ向かい、川幅が狭くなったところで渡って、また下流に戻るのです。

駒ケ根駅の先、赤木駅と沢渡駅との間では、小さな藤沢川を渡った先に、全国のJRで最も急なこう配となる40パーミルの区間があります。険しい山岳区間を想像していると拍子抜けしてしまいそうなほどのどかな場所で、距離もわずか200mほどしかありません。うっかりすると見逃してしまいます。

伊那市駅からは列車は市街地に入り、朝夕には沿線に通う高校生でとても混雑します。沢駅の先で右手に見える大きな工場は、長野

○長野県飯田市に設けられた元善光寺駅の近くには、2027年度の開業を目指すJR東海のリニア中央新幹線の長野県駅（仮称）が設置される予定だ。元善光寺駅がリニア中央新幹線との乗換駅となれば、その姿は大きく変わるであろう。 著者撮影

オリンパス。カメラ製造で有名な企業ですが、世界最先端の顕微鏡や医療機器が、この飯田線の線路脇で生み出されています。

終点・辰野駅はJR東日本中央線との接続駅。全線を乗り通すと7時間前後かかるので、時間が許せば途中下車を楽しみながら乗るのがおすすめです。

04

JR東海・JR西日本

# 紀勢線

## 亀山～新宮間（JR東海）、新宮～和歌山市間（JR西日本）

［営業キロ］384.2km（JR東海180.2km、JR西日本204.0km）

［最初の区間の開業］1891（明治24）年8月21日／亀山～一身田間
［最後の区間の開業］1959（昭和34）年7月15日／三木里～新鹿間
［複線区間］紀伊田辺～和歌山間
［電化区間］新宮～和歌山市間／直流1500ボルト
［旅客輸送密度］1773人（JR東海）、5354人（JR西日本）

## 神話に始まり、神話に終わる路線

紀伊半島を海岸線に沿ってぐるっと一周する紀勢線。そのうち、東側の亀山駅と新宮駅との間はJR東海が、西側の新宮駅と和歌山市駅との間はJR西日本が運営しています。

紀勢線の起点となる亀山駅。関西線はこの駅でJR東海とJR西日本との境界となる。*

西側のうち、新宮～和歌山間が太平洋を見晴らし、特急列車も和歌山駅に近い区間では時間帯によって30分間隔で運行されている電化区間なのに対し、亀山～新宮間は全線非電化。熊野古道に通じる険しい地形を走り、特急列車も1日4～6本しか運行されていません。

起点の亀山駅がある亀山市は人口5万人ほどの街です。駅前にある大きな鳥居は、駅の北東5kmの位置にある能褒野神社一の鳥居。日本武尊の陵墓とされる、能褒野王塚古墳に隣接する神社の鳥居です。神話の郷から紀勢線の旅を始めることにします。

亀山駅を発車した列車は鈴鹿川を渡り、2つの小さな山を越えて津駅に向かいます。一身田駅を過ぎると、左から伊勢鉄道伊勢線の高架橋が近づき頭上をまたぎますが、実はこの高架橋に線路は敷かれていません。本当の伊勢線は鉄橋をくぐったところで左から合流してきます。名古屋駅と新宮駅との間の短絡

宮川を渡る特急「南紀」。線路に対して西側となる上流側に目を向けると、三瀬谷の渓谷や三瀬谷ダムを見ることができる。三瀬谷～滝原間*

○かつて普通列車に用いられたJR東海のキハ11形ディーゼルカーが、長さ219mの櫛田川橋りょうを行く。徳和～多気間*

線として建設された伊勢線は、複線分の用地を確保して建設されましたが、輸送量が伸び悩んだため、一部の区間では単線のままなのです。さて、単線の伊勢線に対してこちらは複線の線路が敷かれた近畿日本鉄道名古屋線の高架線をくぐり、三重県の県庁所在地、津駅に到着します。

津駅からは、伊勢神宮への参拝客輸送を目的に設立された参宮鉄道が建設した区間です（58ページ参照）。参宮鉄道の津～多気間は、1907（明治40）年に関西鉄道の亀山～津間とともに国有化されました。松阪牛で有名な松阪駅を経て、多気駅を出発すると、伊勢市駅・鳥羽駅方面へ向かうJR東海の参宮線が分岐します。参宮線のほうが直進し、紀勢線が右にカーブして分かれていくのは、津～伊勢市間を参宮鉄道が建設した名残り。国有化後も紀勢線が全通した1959（昭和34）年まで、亀山～多気間は参宮線の一部でした。

相可駅を過ぎると、列車は伊勢平野と別れて紀伊山地に入ります。栃原駅の先で大きく右にカーブし、左手から近づいてくるのは伊勢湾に注ぐ宮川。全国有数の水質を誇る清流で、伊勢神宮で20年に1度行われる神宮式年遷宮の行事に使われる石は、この宮川の川原で採取されたものです。川面はなかなか見えませんが、三瀬谷駅の先で渡る橋りょうから、その深い峡谷と三瀬谷ダムとを見ることができます。三瀬谷駅からは、宮川の上流にあり、日本三大渓谷ともいわれる大杉谷へのバスも出ているので、途中下車して大自然を楽しむのもよいでしょう。

## リアス式海岸から砂浜へと景色が変わる

宮川と別れた紀勢線は、宮川の支流である大内山川に沿って、少しずつ高度を上げていきます。梅ケ谷駅は、紀勢線最大の難所・荷坂峠の頂上近くにあり、標高は192.7m。ここから標高3mに位置する次の紀伊長島駅まで、12のトンネルと6km以上にわたって続く25パーミルの急こう配、そしてU字に距離を稼ぎながら山を下りるセミループ線で一気に駆け下ります。トンネルの合間から緑豊かな山を見晴らし、その向こうからリアス式海岸の入江と紀伊長島の街とが見えてくる車窓風景は、紀勢線東部随一のポイントです。

紀伊長島駅からしばらくはリアス式海岸に沿って進み、初めて太平洋が姿を見せます。しかし、紀伊山地の険しい山が海岸ぎりぎりまで迫るため、トンネルが連続し、海が見える区間はごくわずかです。

このあたりは、世界遺産となった熊野古道の伊勢路が線路と並走するように通っています。熊野古道はその昔、熊野三山（熊野本宮大社、熊野速玉大社、熊野那智大社）にお参りした人々が通った道。伊勢路は伊勢神宮と熊野三山とを結んだ道で、「伊勢へ七度、熊野へ三度」といわれ、江戸時代から多くの人が通りました。相賀駅から30分ほど歩いた「道の駅海山」からは、伊勢路を代表する「馬越峠」のハイキングコースをたどることができます。江戸時代からの石畳や「夜泣き地蔵」など、いにしえの人々がたどった参詣道を歩き、峠からは尾鷲市の街並みを一望して尾鷲駅へ抜ける約3時間のコース。半日で現代の鉄道旅といにしえの参詣道とを同時に体験できます。

尾鷲駅と熊野市駅との間は、紀勢線で最後

新鹿海岸沿いを普通列車が行く。線路の隣の棚田の様子から、海のすぐ近くまで険しい斜面が迫っていることがうかがえる。新鹿～波田須間

○馬越峠から三重県尾鷲市の市街地を眺めたところ。紀勢線の線路は写真の右側が亀山駅寄り、左側が新宮駅寄りとなっていて、内陸側の右側から海岸沿いの左側へと市街地を突っ切る形で敷かれている。*

○漁港がすぐそばにある二木島駅。写真奥が新宮駅寄り、写真手前が亀山駅寄りである。*

○普通列車が長さ489mの熊野川橋りょうを通って熊野川を渡る。写真奥に見える小さな丘をトンネルで過ぎれば、終点の新宮駅だ。写真のキハ40系ディーゼルカーはいまは見られない。鵜殿～新宮間*

に建設された区間です。矢ノ川峠の険しい山が海まで張り出し、長い間ほとんど人を寄せつけない場所でした。尾鷲～紀伊木本(現・熊野市）間は狭い峠道をたどる国鉄バスが、2時間40分もかけて連絡していましたが、1959年7月15日、三木里駅と新鹿駅との間の12.3kmが最後に開業して全線開通。尾鷲～熊野市間は最短約35分で結ばれました。

かつての国鉄バスは、矢ノ川峠を越えていましたが、紀勢線は海岸に沿って熊野市駅を目指します。車窓左手に真っ青な海と小さな島々が広がり、素晴らしい景色です。九鬼駅からは2000m以上の長いトンネルが増え、海はほとんど見えなくなります。三木里～新鹿間の中間にある二木島駅前にはかつて捕鯨で栄えた漁港があり、駅から歩いてすぐの所には、鯨の供養塔があります。このあたりは、鉄道が開業するまで船が主要な交通手段となっていました。

熊野市駅を過ぎると険しいリアス式海岸に代わって、熊野灘に面したなだらかな七里御浜の砂浜が始まります。しかし、線路との間に民家があるため、列車からはなかなか見られません。ようやく海が見えてくるのは、阿田和駅を過ぎたあたりから。次の紀伊井田駅周辺の砂浜は、毎年夏になるとウミガメが産卵にやって来ることで知られます。駅から砂浜まではすぐなので、途中下車をしてみるのもおすすめです。

鵜殿駅を過ぎて、広い新宮川を渡ると、JR東海側の終点・新宮駅に到着。熊野三山の玄関口で、ホームにはサッカーJリーグの各クラブのフラッグが掲げられています。これは、日本サッカー協会のエンブレムが、熊野のシンボルともされる伝説の鳥、八咫烏をデザインしたものだからだといわれています。

亀山の能褒野神社から、新宮の熊野三山へ。紀勢線東側の旅は、神話に始まり神話に終わります。

05

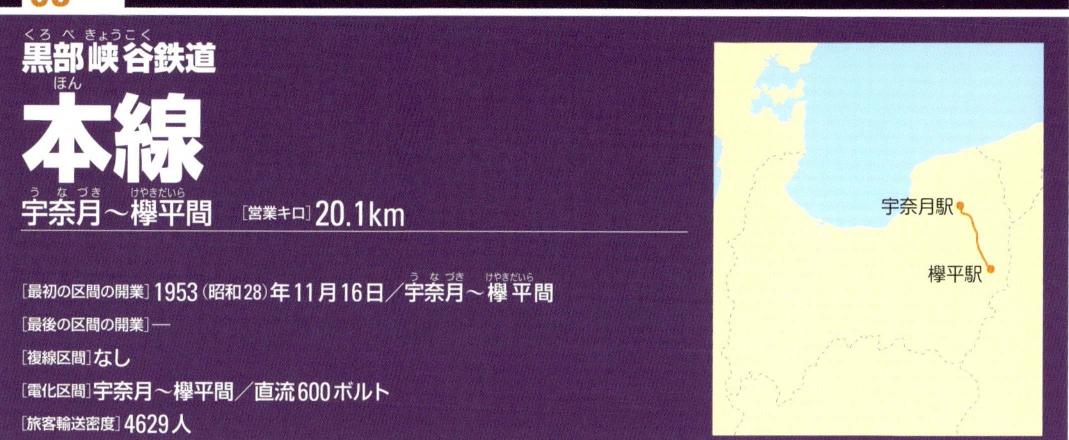


# 黒部峡谷鉄道 本線

## 宇奈月～欅平間 [営業キロ] 20.1km

[最初の区間の開業] 1953（昭和28）年11月16日／宇奈月～欅平間
[最後の区間の開業] —
[複線区間] なし
[電化区間] 宇奈月～欅平間／直流600ボルト
[旅客輸送密度] 4629人

## かつては発電所への資材輸送の専用鉄道だった

黒部峡谷鉄道本線は富山地方鉄道の本線の宇奈月温泉駅に隣接する宇奈月駅を起点とし、欅平駅に至る20.1kmの路線です。本線の線路を見ますと、すべて富山県黒部市内に敷かれています。

本線は社名のとおり、黒部川によってつくられたV字谷の黒部峡谷に沿う路線です。起点の宇奈月駅を除きますと、沿線には民家は1軒も建てられていません。つまり、2015（平成27）年度に108万3000人、1日平均2967人の利用者のほとんどは中部山岳国立公園の名勝地の一つである黒部峡谷への観光客です。

本線の列車が終点の欅平駅に到着したところ。欅平駅は、ともに特別名勝で特別天然記念物の猿飛や奥鐘山めぐりの拠点となっている。*

でも、本線では2015年度に通勤定期を利用した旅客が5000人いました。この人たちは沿線に民家も建っていないような場所になぜ通勤しているのでしょうか。沿線に建設されたダムや水力発電所に勤務しているからです。そして、これこそ本線が建設された理由でもあります。

本線の開業は1953（昭和28）年11月16日のことです。これはこの日から旅客営業を始めたという意味で、鉄道として使用を始めた日ではありません。開通はさらにさかのぼって1926（大正15）年10月から1937（昭和12）年6月までの間です。日本電力、後の日本発送電といういまは存在しない電力会社が、黒部峡谷に水力発電所を建設するための資材を運ぶ目的で、自家用の鉄道である専用鉄道を整備しました。

黒部軌道と呼ばれたこの専用鉄道を利用して黒部峡谷を観光したい、と考えていた人は多かったようです。開通当初から安全につい

宇奈月駅を出て最初に黒部川を渡る橋りょうは、1986年に架けられた長さ166mの新山彦橋（しんやまびこばし）である。写真左奥に見えるのは、新山彦橋の完成まで本線の列車が通っていた山彦橋だ。現在は遊歩道として山彦橋は用いられている。宇奈月～柳橋間*

ては保証できないという点を了解したうえで、電力会社の社員用の車両に乗ることができました。戦後の1951（昭和26）年になって日本発送電から電力事業を引き継いだ関西電力は、黒部軌道を観光用として整備することを考え、すでに述べたように1953年11月16日から黒部鉄道線として旅客営業を始めました。その後、黒部鉄道線の鉄道事業は1971（昭和46）年7月1日から関西電力の子会社である黒部峡谷鉄道が担当することとなり、現在に至ります。

本線の沿線の自然環境は大変厳しく、冬になると大量の積雪でなだれが多発しますので、列車を走らせることはできません。橋りょうのうち、鐘釣（かねつり）駅と小屋平（こやだいら）駅との間のウド谷橋はなだれから守るために冬の間はレールやまくらぎが取り外されますし、各トンネルの入口にはなだれがトンネルに入らないように扉が閉められます。このため、本線での旅客営業は5月から11月いっぱいまでで、12月から4月いっぱいは旅客列車は走りません。

宇奈月駅のプラットホームで出発を待つのは電気機関車、そしてその後に続く最多で10数両の客車です。客車は車体の側面に窓のない開放型ボギー車と呼ばれるものが多く、車体の側面に窓のついた密閉型ボギー車と呼ばれる車両も見られます。

車両を見て、ずいぶん小ぶりであることに気づくでしょう。客車の寸法は長さが7mあまり、幅が1.6mあまり、高さが2.4mあまりです。JR旅客会社の在来線や大手民鉄の車両はおおむね長さが20mほど、幅が2.8mほど、高さが3.6mほど。比較しますと、黒部峡谷鉄道の客車の寸法は長さで3分の1程度、幅は5分の3程度、高さは3分の2程度しかありません。

左右のレールの間隔である軌間にも注目してください。JRの在来線や大手民鉄で一般的な軌間は1.067mですが、本線の軌間は0.762mしかありません。車両が小さく、軌間も狭いのは、険しいV字谷を通すための工夫です。線路を建設する際に斜面を削ったり、トンネルを掘る量は減りますし、より急なカーブを曲がることができます。

## おそろしく険しい峡谷のなかを行く

宇奈月駅を出発した列車は時速15kmほどで走り、柳橋(やなぎばし)駅と呼ばれる駅に到着しました。旅客営業は行っていないので、実質的には列車どうしの行き違いを実施するための信号場と考えるとよいでしょう。

○柳橋駅で交換する本線の列車。プラットホームは設けられているが旅客の乗り降りはできない。*

柳橋駅を出ましたら、コンクリート製のなだれおおいを2カ所通ります。2つ目のなだれおおいを出ましたら右側の黒部川をよく見てください。小さなつり橋が対岸に向かってかけ渡されています。この橋は人間用ではなく、猿用のつり橋です。かつての黒部川では猿が渡ることができたほどの水量でしたが、いまはダムによって水かさが増してしまったため、猿を守るためにつり橋がつくられました。

やはり信号場としての役割を果たしている森石(もりいし)駅を過ぎますと、峡谷はいっそう険しさを増します。黒薙(くろなぎ)温泉への入口となる黒薙駅を出発した列車は、すぐに黒薙川を渡ります。この川にかけられた橋りょうの名称は後曳橋(あとびきばし)です。高さは60mもあり、あまりの谷の深

○黒部川をせき止めてつくられた宇奈月湖の完成により、猿が対岸に渡ることができなくなってしまったため、長さ137m、幅33cm、高さは15mの専用のつり橋が2006年に架けられた。柳橋～森石間*

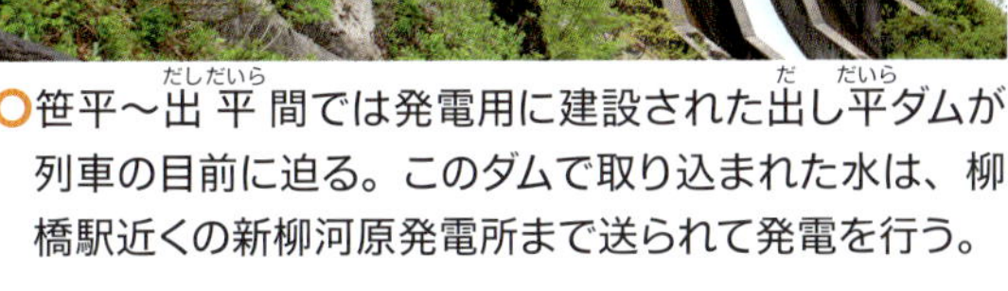
○笹平～出平(だしだいら)間では発電用に建設された出し平(だしだいら)ダムが列車の目前に迫る。このダムで取り込まれた水は、柳橋駅近くの新柳河原発電所まで送られて発電を行う。

後曳橋を渡る本線の列車。この橋は高さが60mもあるので、高い場所が苦手な人は下を見ないほうがよいかもしれない。黒薙〜笹平間*

さに山に立ち入った人たちが後ずさりしたことからこのように呼ばれるようになりました。

なお、後曳橋を通る直前に左に分かれていく線路があったことに気づいたでしょうか。この線路は黒薙川に沿って敷かれ、1.7km先の二見（ふたみ）駅を終点とする黒部峡谷鉄道の専用鉄道です。資材を運ぶための路線で、今後も旅客営業を行う予定はありません。

いずれも信号場の役割を果たしている笹平（ささだいら）駅、出平（だしだいら）駅を出ますと、黒部川の幅は狭くなり、対岸が近くに見えます。やはり信号場の役割を果たしている次の猫又（ねこまた）駅に近づくころ、対岸に大きな建物が見えるでしょう。これは関西電力の黒部川第二発電所と呼ばれる水力発電所です。

猫又駅の出平駅寄りでは黒部川の対岸に黒部川第二発電所が見える。この水力発電所へと向かう鉄道の橋りょうは、本線の出平〜猫又間で分岐する関西電力の専用側線だ。*

旅客営業を行っている鐘釣駅を出てすぐのところで対岸の谷に注目してください。夏でも雪が見られるはずです。黒部万年雪といいまして、対岸の百貫山（ひゃっかんやま）に降った雪がなだれとなってこの谷にたまり、そのまま溶けずに残っていて万年雪となりました。万年雪というほどですから、このあたりは夏でもひんやりとしています。

鐘釣駅を出発しますとV字谷は鋭さを増し、斜面に線路を敷くことが難しくなってきました。この結果、トンネルの区間が増えまして、なかなか景色を楽しめません。信号場としての役割を果たす小屋平駅を過ぎ、4つ目となる本線最後のトンネルを出ますと、列車は終点・欅平駅に到着です。

本線は欅平駅までですが、黒部峡谷鉄道の専用鉄道はこの駅から6.5km先の黒部川第四発電所前（くろべがわだいよんはつでんしょまえ）駅まで延びています。大部分がトンネル区間ですが、乗ってみたいという人は多いようです。黒部峡谷鉄道は将来、旅客営業を行うことを検討しているそうですから、楽しみに待ちましょう。

JR東日本

# 飯山線

豊野～越後川口間　［営業キロ］96.7km

［最初の区間の開業］1921（大正10）年10月20日／豊野～飯山間
［最後の区間の開業］1929（昭和4）年9月1日／越後田沢～十日町間
［複線区間］なし
［電化区間］なし
［旅客輸送密度］676人

越後川口駅
豊野駅

## 千曲川、信濃川に沿って敷かれた路線

JR東日本の飯山線は、しなの鉄道北しなの線の列車も発着する豊野駅を起点とし、JR東日本上越線の越後川口駅を終点とする96.7kmの路線です。法規上の起点は豊野駅ですが、実際にはこの駅を始発、終点とする列車はありません。飯山線の列車は北しなの線に乗り入れ、豊野駅から10.8km先にある長野駅を発着しています。

豊野駅を出発した列車は1.5kmほど北しなの線の線路と並走し、なかなか分岐しません。飯山線、北しなの線とも単線で、2組の線路が並ぶ姿は複線のようです。

北しなの線と分かれても飯山線の列車は引き続き東北東に向かって走ります。信濃浅野駅に着いた後、鳥居川を渡り、続いて見えてきた千曲川を渡るかと思いきや、列車は左に曲がり、千曲川に沿って北に進み始めました。列車の左側は田んぼで、ときにリンゴの果樹園が現れ、いっぽう右側は千曲川の川原です。このような光景は次の立ケ花駅を出てしばらく先まで続き、少し千曲川から離れたかと思うと再び近づきます。

線路はこの先長野県栄村の森宮野原駅まで、このように千曲川とつかず離れずの状態

○北陸新幹線との接続駅でもある飯山駅に停車中の飯山線の普通列車。北陸新幹線は写真右が金沢駅方面、写真左が高崎駅方面となる。*

○飯山線ではJR東日本のキハ110系というディーゼルカーが使用され、一部に観光列車の「おいこっと」用のものもある。越後川口駅*

○千曲川沿いに開けた谷間を普通列車が行く。線路の周囲は斜面となっていて、棚田が広がっている。西大滝〜信濃白鳥間

で敷かれています。では、森宮野原駅から先は大きな川と並行に走らないかというとそうではありません。森宮野原駅を出て新潟県に入ると千曲川は信濃川と名を変え、今度はこの川と終点の越後川口駅まで並走します。

越後川口駅方面に向かう飯山線の列車からの景色は左側が山地、右側が長野盆地に広がる市街地や水田地帯です。替佐駅を出ますと左側から山が迫り、列車は坂を上り始めます。最大で20パーミルのこう配を2kmほど上ってトンネルに入ると峠です。続いてもう一つのトンネルを出ると、列車は今度は坂を下っていきます。

蓮駅を出発してからも斜面を行く光景は続きますが、国道117号をくぐってからは徐々に視界が開けてきました。水田地帯を進んでいくうちに市街地が現れ、前方に巨大な構造物が見えてきました。北陸新幹線の高架橋でして、列車は北陸新幹線の線路をくぐった直後に飯山駅に停車します。

飯山駅を出発した列車は市街地のなかを進みますが、やがて前方に標高416mの長峰山が迫ってきました。北飯山駅を出ますと、この山を避けるように右に曲がり、長峰山と千曲川との間の狭い平地を通り抜けていきます。千曲川が遠ざかっていった結果、平地は広がっていき、列車の右側は開けてきて、水田が見られるようになりました。

## 7.85mの積雪を観測した、大豪雪地を行く

列車はやがて戸狩野沢温泉駅に到着です。長野県でも有数の温泉である野沢温泉への最寄駅ではありますが、駅から東北東に5kmほど離れていて、しかもバスは通っていません。野沢温泉へのバスは北陸新幹線の列車も停車する飯山駅から発着しています。

戸狩野沢温泉駅を出ますと列車は山地と千曲川とにはさまれた狭い谷間を進みます。坂を上ったり下ったりとめまぐるしく変化するなか、西大滝駅まではこう配自体は10パーミル程度でした。しかし、この駅から次の信濃白鳥駅までの間の2.1kmはほぼ20パーミルのこう配の上り坂です。また、この区間にある短いトンネルの入口にはスノーシェッドと呼ばれるなだれおおいが設けられました。線路と並走する道路も、このトンネルと同じ場所にスノーシェッドが築かれています。雪のない季節に訪れるとわかりませんが、冬になると大量の積雪に見舞われるのです。

沿線は豪雪地であるため、冬の飯山線の旅は一面の銀世界の中を進むことになる。上境～上桑名川間*

信濃白鳥駅から先の線路は終点の越後川口駅までおおむね下り坂となります。新潟県との県境に近い森宮野原駅に着いたら、駅構内に建てられた背の高い白い柱に注目してください。この柱は「日本最高積雪地点」の標柱です。森宮野原駅では1945（昭和20）年2月12日に7.85mの積雪を記録しました。これは全国の駅のなかで最高の積雪で、高さ8mの柱には50cmごとに目盛りが刻まれ、冬になりますと積雪量が一目でわかるようになっています。

森宮野原駅を出て、新潟県に入っても列車の左側は山、右側は信濃川、または信濃川と線路との間の狭い谷地の連続です。斜面に建てられた柵は垂直方向ではなく、山頂に向けて角度がつけられたなだれ予防柵が目立ちます。

森宮野原駅の構内に建てられた「日本最高積雪地点」の標柱。7.85mの積雪は標柱の頭部に相当する。

新潟県津南町の越後鹿渡駅を出発した列車がしばらく行くと、左側に変電所のような設備が見えるでしょう。これはJR東日本の信濃川発電所という水力発電所です。信濃川発電所からは多数の高圧電線が延びていて、電気が各地に送られていることがわかります。

信濃川発電所を過ぎてから信濃川を渡り、直後のトンネルを出ると景色は一変しました。山あいから平地へと変わり、水田の姿が目立ちます。やがて市街地を走るようになり、左側に北越急行ほくほく線の高架橋が近づくと、新潟県十日町市の中心、十日町駅に到着です。

広々とした水田地帯は越後岩沢駅を過ぎたあたりでいったん途切れ、次の内ケ巻駅まではトンネルの連続で通り抜けていきます。内ケ巻駅を出ますと再び水田地帯を走り、魚野川を渡ると終点の越後川口駅です。

07

JR東日本

# 小海線

小諸～小淵沢間　[営業キロ] 78.9km

[最初の区間の開業] 1915（大正4）年8月8日／小諸～中込間
[最後の区間の開業] 1935（昭和10）年11月29日／信濃川上～清里間
[複線区間] なし
[電化区間] なし
[旅客輸送密度] 1198人

## 日本一高い所を走る路線

JR東日本の小海線は、法規上鉄道の仲間とされるケーブルカーなどを除くと、日本で最も標高の高い場所を走る鉄道路線です。最も高いところは、標高1375m。海面から東京スカイツリー（634m）2つ分を超える高さを列車が走ります。駅も、日本最高所の駅である野辺山駅をはじめ、標高の高い駅の1位から9位までは、すべて小海線の駅です。八ヶ岳連峰や千曲川の渓流、広大な佐久平など変化に富んだ車窓風景を楽しめ、「八ヶ岳高原線」の愛称もあります。

この路線の法規上の起点は小諸駅ですが、旅客営業上の起点はJR東日本中央線の列車も発着する小淵沢駅です。車両は世界で初めて営業運転に投入されたハイブリッドディーゼルカーである、JR東日本のキハE200形。ディーゼルエンジンとともに大型の蓄電池、そして電車と同じモーターを搭載しています。出発の際は蓄電池で動き、ディーゼルエンジンによって発電された電気でモーターを動かして加速。ブレーキの際にはモーターを発電機として使い、蓄電池に充電します。この仕組みによって、従来のディーゼルカーと比べて排気ガスの有害物質を60パーセント削減、燃費も10パーセント以上向上し、環境に優しい車両となりました。

小淵沢駅を音もなく出発したキハE200形は、すぐに25パーミルの上りこう配に差しかかり、ディーゼルエンジンが起動します。中央線と分かれて右にカーブすると……、ここが、小海線第一のハイライト。見晴らしのよい築堤の上を右へ180度、ぐるりと回り

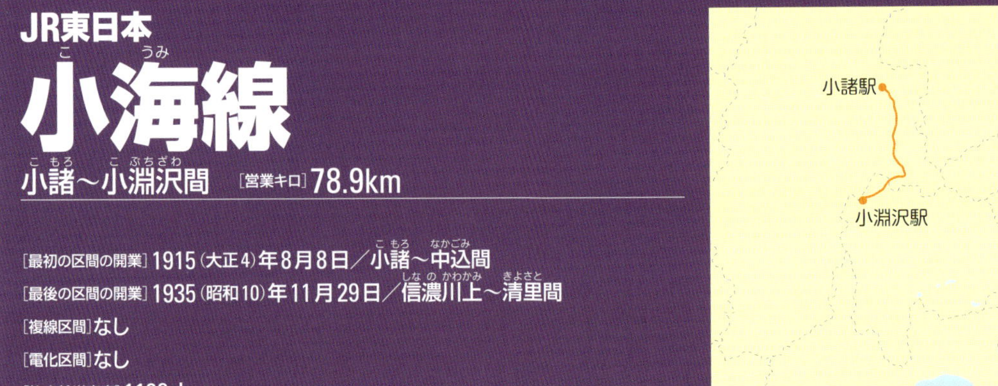

○小海線ではJR東日本のキハE200形というハイブリッドディーゼルカーが活躍する。ディーゼルエンジンを発電に用いることで、排気ガスや騒音を大幅に減らすことに成功した。小淵沢駅*

小淵沢駅を出発した小海線の列車の車窓にはすぐに大パノラマが現れる。普通列車の後方に見える最も高い山は、小海線の線路から南南西の方向にそびえ立つ標高2967mの甲斐駒ヶ岳だ。小淵沢～甲斐小泉間

清里～野辺山間では「JR鉄道最高地点」と記された標柱が立つ。標高は1375mでJRのみならず、私鉄を含めても一般的な鉄道では最も標高が高い。なお、ケーブルカーなどを含めた日本の鉄道の最高地点は、本巻でも紹介している立山黒部貫光無軌条電車線の室堂駅で、標高は2450mである。*

ます。「大曲り」とも「大カーブ」とも呼ばれるこの区間は、晴れていれば八ヶ岳連峰が右から左へ移動していきます。反対側にも注目しましょう。南アルプスの左奥に見えるのは、富士山です。小海線の大カーブからは、八ヶ岳と富士山とを同時に眺めることができるのです。

大カーブを通過すると、小海線は八ヶ岳山麓の斜面を登り始め、森のなかに入ります。標高1044m（一般的な鉄道として標高6位）の甲斐小泉駅、1158m（同3位）の甲斐大泉駅と、最大33パーミルのこう配をどんどん上り、1274m（同2位）の清里駅へ。ここまではずっと森のなかを走ってきましたが、清里駅を出たあたりから徐々に空が広くなってきます。2つの橋りょうを渡って長野県に入ると、日本鉄道最高地点（1375m）の踏切を通過して野辺山高原へ。右側を見てみましょう。はるか向こうに、巨大なアンテナが空に向いています。あれは、野辺山宇宙電波観測所にある口径45mのミリ波電波望遠鏡。ミリ波と呼ばれる宇宙の電波を観測する望遠鏡としては、世界最大級の規模を誇り、宇宙にブラックホールが存在するという証拠の発見など、世界最先端の宇宙観測を続けています。

空気が澄んだ高原で雪が少ないという特徴を生かし、国立天文台の野辺山宇宙電波観測所が開設された。写真手前にずらりと並べられているのが太陽観測専用の電波望遠鏡で84基ある。写真後方に見えるのは口径45mの電波望遠鏡だ。*

## 秩父事件終焉の地から浅間山のふもとへ

標高1345ｍと日本で最も標高の高い場所にある駅である野辺山駅からは山を軽快に下り、大きく左にカーブすると、千曲川が流れる谷に入ります。千曲川は、いま列車が走っているところから南東へ20kmほどの甲武信ヶ岳に源流を発し、新潟県で信濃川と名を変えて日本海に注ぐ、長さ367kmの日本一長い川です。

長野県長野市の豊野駅と新潟県長岡市の越後川口駅との間を結ぶJR東日本飯山線（26ページ参照）からも眺めることができますが、飯山線で見られる千曲川がゆうゆうと流れる清流なのに対し、源流に近いこちらは、流れの速い渓流です。列車はしばらく千曲川とともに八ヶ岳北麓の谷を走り、何度も川を渡ります。左右どちら側の座席に座っても、川の車窓風景を楽しめるでしょう。

佐久海ノ口駅の先で右手に見える山は、戦国時代に海ノ口城があった城山。若き日の武田信玄が初陣を飾った場所です。父・信虎が1カ月以上攻めても落ちなかった城を、信玄はわずか300の兵で奇襲し、見事攻め落としました。

小海駅から小諸駅までの間は、大正時代に佐久鉄道が建設した区間です。佐久鉄道は、現在の長野電鉄の路線の建設にもかかわり、日本海と太平洋とを結ぶ縦断鉄道をつくろうとしましたが、1920（大正9）年の戦後恐慌で挫折。小淵沢～小海間は昭和に入ってから国が建設しました。

小海駅の次、馬流駅の周辺は、1884（明治17）年に発生した秩父事件の舞台となった場所。困窮にあえいだ秩父地方の農民たちが武装蜂起しましたが、ここ馬流で鎮圧され、多くの人が命を落としました。馬流駅の近くには秩父事件本陣跡があり、馬流駅と次の高岩駅との間には列車の左側に「秩父困民党散華之地」の石碑があります。

羽黒下駅のあたりまで来れば、周囲はすっかり佐久平の広大な平野。天気がよければ、列車の前方に浅間山が雄大な山容を見せます。中込駅は佐久鉄道の本社があった基幹駅で、車両基地があるなど、現在も小海線の中心駅です。

北陸新幹線の接続駅である佐久平駅を過ぎ、乙女駅の手前でしなの鉄道しなの鉄道線の複線が現れ、そのまま並走します。乙女駅、東小諸駅は小海線側にしかプラットホームがなく、推理小説のトリックに使われたこともありました。東小諸駅を出発すると、まもなく終点の小諸駅に到着です。

馬流～高岩間には「秩父困民党散華之地」の石碑のほか、写真のように高岩駅の名称のもととなった断崖絶壁の高岩がある。*

JR西日本

# 越美北線

越前花堂～九頭竜湖間　[営業キロ]52.5km

[最初の区間の開業]1960(昭和35)年12月15日／越前花堂～勝原間
[最後の区間の開業]1972(昭和47)年12月15日／勝原～九頭竜湖間
[複線区間]なし
[電化区間]なし
[旅客輸送密度]458人



## 平地と谷間とを行く路線

JR西日本の越美北線は、JR西日本北陸線の列車も発着する越前花堂駅を起点とし、福井県大野市の九頭竜湖駅を終点とする52.5kmの路線です。法規上の起点は越前花堂駅ですが、すべての列車はこの駅から北陸線に乗り入れ、2.6km先の福井駅を発着しています。

越美北線の越前花堂駅は北陸線と分かれる途中に設けられました。このため、越美北線のプラットホームは北陸線のものとは20mほど離れています。乗り換え客は少ないのでしょう。通路は地面に柵を建てただけの簡素なつくりです。

福井市の市街地にあり、周囲には企業の工場や倉庫の姿が目立つ越前花堂駅を出発した列車は、すぐに水田の中を行きます。左に曲

○朝倉氏ゆかりの一乗谷に設けられた一乗谷駅。九頭竜湖駅方面に向かう普通列車が出発したところ。

がって北陸線と分かれ、次に右に曲がると線路はしばらくはまっすぐです。六条駅を経て足羽駅まで福井平野を快調に進みます。

足羽駅の次の越前東郷駅を出ますと前方に山が迫ってきました。列車の左側から足羽川が近づき、川の流れに合わせて右に曲がります。曲がりきってしばらく進むと一乗谷駅に到着です。

一乗谷は室町時代から戦国時代にかけて越前を治めた朝倉氏が城を構えた場所で、周囲の狭い平地に城下町が築かれました。朝倉氏が織田信長に滅ぼされた後、一乗谷の城も城下町も忘れ去られてしまいます。しかし、1960年代の発掘調査によって当時の面影がほぼ完全な姿で残されていることが判明し、一乗谷朝倉氏遺跡として公開されるようになりました。この遺跡は一乗谷駅から歩いて30分ほどの場所にあります。また、一乗谷朝倉氏遺跡から出土した貴重な資料を展示した一乗谷朝倉氏遺跡資料館もあり、こちらは駅から徒歩5分ほどです。

列車が一乗谷駅を出発しますと足羽川が形成した狭い谷間を進みます。ところが、足羽川の場合、次の越前高田駅から再び谷間が広がります。しかも、越美北線の線路は、越前高田駅から次の市波駅を過ぎてしばらくしたあたりの約2kmにわたって直線です。広々とした平地でしたらこの程度の直線は珍しくありません。しかし、山あいの区間でこのような線路は、全国の路線を見てもそう見られるものではないでしょう。

越美北線の沿線は豪雪地帯で、大雪のために列車が運休することもある。*

広くなった谷間は直線からカーブに差しかかるとともに終わりまして、再び狭い谷間となりました。次の小和清水駅の隣の美山駅を過ぎますと足羽川から離れ、いままでよりも幅の狭い羽生川に沿って進みます。羽生川によって形成された谷間は狭いながらも、平地はおおむね水田として開発されているのは見逃せません。

計石駅を出発した列車はトンネルを抜けますと急に視界が開け、一面の水田が広がります。大野盆地に入ったのです。

## 「越前の小京都」越前大野をめぐる

線路はトンネルの出口から牛ケ原駅を経て北大野駅まで、ほぼ東西に一直線に延びています。越美北線は山岳路線という割には直線区間と曲線区間とが比較的はっきりと分かれているのが特徴です。理由として、地形に左右されているからという点があげられますが、やはり建設時期が1960年代であったからという点が大きいでしょう。他の同様の路線のように、大正時代から戦前にかけてつくられたものとは一線を画しています。

大野城は大野市西方の丘の上に建つ。市内に朝霧が立ち込めた日には、城だけが顔を出す「天空の城」となることもある。*

深い渓谷の中を進む普通列車は、長さ128mの第二九頭竜川橋りょうで九頭竜川を渡っていく。柿ケ島～勝原間*

北大野駅を出た列車は右に大きく曲がり、やがて、大野盆地に発達した都市、福井県大野市を代表する駅である越前大野駅に到着です。大野市は、戦国時代に金森長近によって越前大野城が築かれたことによって、発展をとげてきました。

長近が構えた越前大野城へは直線距離で1.5kmほど。小高い丘の上にありますから、最後の上り坂はきついですが、ふもとに至るまでは碁盤の目のようにつくられた古風な街並みを楽しめます。大野市は「越前の小京都」と呼ばれるほど、昔の面影を色濃く残した街です。越美北線の旅を続けたいところですが、途中下車して散策しましょう。

越前大野駅を出発した列車は引き続き大野盆地を進みます。広々とした平地を走る距離は九頭竜川を渡って柿ケ島駅まで8kmあまりです。柿ケ島駅からは九頭竜川によって形成された谷間を行きます。谷間が刻んだV字状の地形は足羽川、羽生川と比べてもいっそう険しくなりました。ただし、あまりにも厳しい谷間ということから、トンネルが目立ち、その傾向は勝原駅を出ますといっそう強まります。

越美北線の終点、九頭竜湖駅。計画では長良川鉄道越美南線の北濃駅まで延長される予定であったが、実現の見込みはない。

勝原駅を出ますとまずは長さ809mの白谷トンネルです。ところがトンネルを出てもスノーシェルターが続いていて、すぐに長さ5256mもある荒島トンネルに入ってしまいます。荒島トンネルを出ましたら越前下山駅、そしてすぐに長さ1915mの下山トンネルです。下山トンネルを出た後、九頭竜湖の対岸に九頭竜国民休養地が見えますが、長さ364mの朝日トンネルに入ってしまいます。トンネルを出ましたら終点の九頭竜湖駅に到着です。

JR東海・JR西日本

# 高山線

岐阜～猪谷間（JR東海）、猪谷～富山間（JR西日本）　［営業キロ］225.8km

［最初の区間の開業］1920（大正9）年11月1日／岐阜～各務ケ原間
［最後の区間の開業］1934（昭和9）年10月25日／飛騨小坂～坂上間
［複線区間］なし
［電化区間］なし
［旅客輸送密度］3461人（JR東海）、2178人（JR西日本）

## 飛騨高地を縦断し、険しい峡谷を行く

JR東海の東海道線の列車も発着する岐阜駅を起点とし、JR西日本北陸新幹線やあいの風とやま鉄道の列車も発着する富山駅を終点とするJR東海・JR西日本の高山線は、太平洋と日本海をつなぐ本州横断鉄道です。東に飛騨山脈（北アルプス）、西に白山を中心とした両白山地がそびえる飛騨高地を縦断し、飛騨川や宮川の険しい峡谷を走ります。

高山線の旅は、岐阜駅から始まります。座席は進行方向右側のほうがよいでしょう。しばらくは、濃尾平野ののどかな住宅地を走り、各務原台地に上がって蘇原駅へ。列車からはほとんど見えませんが、駅から500mほど南に航空自衛隊の岐阜基地があります。この基地の前身は、1917（大正6）年に開設された旧陸軍各務原飛行場。現存する日本最古の飛行場です。

各務ケ原駅を出て右手に名古屋鉄道各務原線が寄り添ってくると、木曽川の向こうに天守が見えてきました。犬山城です。国内には

○高山線全線を走破する特急「ひだ」。東海道線を経由して大阪～高山間、名古屋～高山・飛騨古川・富山との間を結ぶ。中川辺～麻生間＊

江戸時代以前に建てられた天守が残る城が12カ所あるなか、犬山城の天守は室町時代の1537（天文6）年築と国内最古。信長、秀吉、家康が活躍した時代の姿を残しています。

ヨーロッパのライン川に風景が似ているとして名づけられた木曽川の「日本ライン」を過ぎると美濃太田駅。JR東海の太多線と長良川鉄道越美南線とが分岐するこの駅では、いまでは貴重なホームでの駅弁の立ち売りが健在で、香り豊かな「松茸の釜飯」が人気です。

木曽川の支流である飛騨川が近づいてきました。ここからが高山線の旅の本番です。上麻生駅を出発すると、飛騨川の峡谷が急に険しくなり、飛水峡に入ります。

飛水峡は、飛騨川の濁流が長い時間をかけて岩盤を削り取った峡谷で、10m以上も切り立った岩盤の中央を、エメラルドグリーンの水が流れています。あちこちに見える半円状のくぼみは、天然記念物の「甌穴」。水が岩を回転させて削ったものです。

天然記念物に指定された飛水峡の甌穴群のなかを高山線の普通列車が行く。上麻生〜白川口間*

白川口駅から次の下油井駅までの8.6kmの間に、列車は3回飛騨川を渡ります。最初の第一飛騨川橋りょう（長さ287m）は川を斜めに渡る鉄橋で、高山線随一の撮影名所。飛騨川が車窓左手に移り、ダムが増えます。

久しぶりに市街地に出ると、下呂駅。「名古屋の奥座敷」と呼ばれる歴史ある温泉街の中にあります。江戸時代の儒学者、林羅山が草津温泉、有馬温泉と並ぶ「日本三名泉」にあげたことでも知られています。飛騨川の両岸に温泉旅館が並び、入浴だけを楽しむこともできます。

第一飛騨川橋りょうを通って飛騨川を渡る特急「ひだ」。白川口〜下油井間*

## 太平洋側と日本海側とを分ける分水嶺を越える

飛騨小坂駅から再び峡谷に入り、峠越えに向かいます。20パーミルの急こう配も増え、高山線で最も険しい区間です。

峠の頂上は、標高676mの久々野駅。ここは太平洋側と日本海側とを分ける分水嶺で、美濃太田駅から一緒に旅をしてきた飛騨川とはここでお別れ。久々野駅を出発すると、長さ2080mの宮トンネルに入り、下りこう配に変わります。トンネルを出てすぐ渡る川は宮川。太平洋に注ぐ飛騨川に対して宮川は日本海に注ぐため、水の流れる方向が飛騨川とは逆になりました。高山盆地へ降り、右手遠くに乗鞍岳が見えると、高山駅です。

高山は、飛騨街道、木曽街道、益田街道、白川街道という4つの街道が交差する古くからの交通の要衝です。商業の街として栄え、いまも古都の街並みが保存されているほか、白川郷や北アルプス登山の玄関口としてもにぎわいます。

飛騨古川駅の周辺も白壁土蔵が並び、瀬戸川に鯉が泳ぐ古都。1990年代から住民が「美しい街並みを守ろう」と立ち上がり、いまでは世界中から観光客が訪れる美しい街になりました。飛騨古川駅は、大ヒットしたアニメ映画「君の名は。」に登場したことでも人気です。

飛騨細江駅で高山盆地と別れ、再び狭い峡谷に入ります。このあたりは、駅周辺以外はほとんど民家のない深い谷で、大きく蛇行する宮川をいくつものトンネルでつないでいます。岐阜県と富山県を行き来した後、加賀沢トンネル内で本格的に富山県に入り、やっと視界が開けると猪谷駅。飛騨一ノ宮駅から寄り添ってきた宮川は、ここで高原川と合流して、神通川と名を変えます。JR東海の区間は猪谷駅まで。この先はJR西日本の区間で、特急列車以外はすべての列車が乗り換えとなります。

猪谷駅は、高原川沿いの越中東街道と、宮川沿いの越中西街道との合流点で、どちらも高山に通じています。東街道は16世紀に鉱脈が発見されて以来、銀や銅を産出した産業ルートでしたが、岐阜県飛騨市の神岡から高山までの地形が険しく、高山へのメインルートは西街道が担いました。高山線も、西街道に沿って建設されています。東街道沿いには、猪谷駅と神岡の奥飛騨温泉口駅との間に神岡鉄道神岡線が通っていましたが、いまでは廃止になってしまいました。

高山駅は高山市の中心に設けられた。広々とした高山盆地に分け入ると、それまでの険しい山道がうそのように感じられる。*

JR東海とJR西日本との境界となる猪谷駅。写真は富山行きの普通列車で、JR西日本のキハ120形ディーゼルカーが用いられる。*

深い峡谷は笹津駅で終わり、富山平野に出ます。越中八尾駅は、毎年9月に行われるお祭り「おわら風の盆」で知られる街。7つの川の合流点に発展した街で、川によって山が8つの尾根に分かれていたことから、八尾と呼ばれるようになりました。

富山平野に出た列車は水田の中をまっすぐ北上し、市街地に入って北陸新幹線の高架橋が見えてくると富山駅に到着します。

JR東海

# 名松線

松阪～伊勢奥津間 [営業キロ] 43.5km

[最初の区間の開業] 1929（昭和4）年8月25日／松阪～権現前間
[最後の区間の開業] 1935（昭和10）年12月5日／家城～伊勢奥津間
[複線区間] なし
[電化区間] なし
[旅客輸送密度] 268人

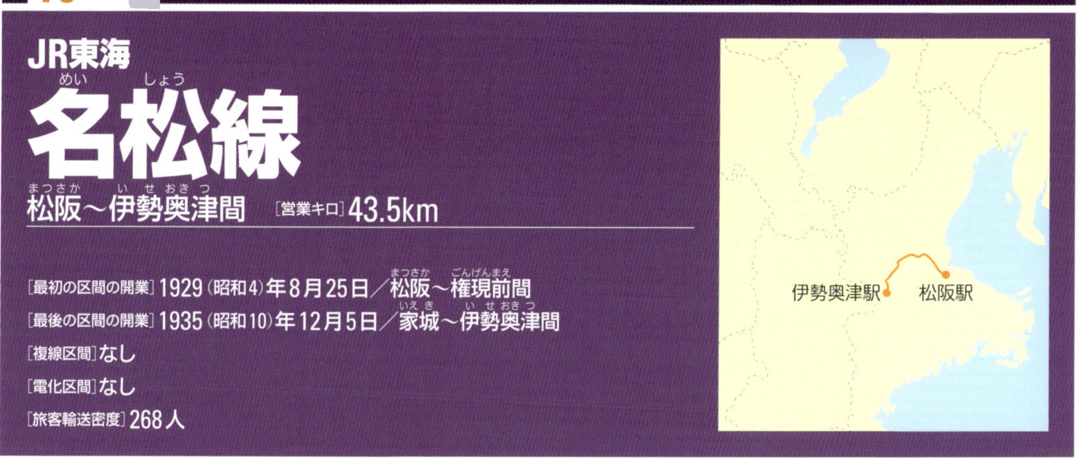


## 台風と闘い続ける路線

三重県松阪市の松阪駅と三重県津市の伊勢奥津駅との間を結ぶ名松線は、JR東海が運営する路線のなかでも、とびきりひなびたローカル鉄道路線です。趣のある路線名は、三重県西部、伊賀地方にある「名張」と「松阪」とを結ぶ鉄道として計画されたからです。1935（昭和10）年までに伊勢奥津駅まで開業しましたが、1930（昭和5）年に参宮急行電鉄（現在の近畿日本鉄道）が奈良県桜井市の桜井駅から名張、松阪を経て三重県伊勢市の山田駅（現在の伊勢市駅）まで開業。名松線は建設する意味を失い、伊勢奥津駅止まりのローカル線となりました。

名松線はまた、台風と闘い続けている路線です。1959（昭和34）年の伊勢湾台風をはじめ、これまでに何度も台風に襲われ不通になっています。1982（昭和57）年7月に日本を襲った台風10号によって全線が不通となったときには、国鉄改革の一環として一度は廃止が決まりましたが、地元の熱意によって翌

松阪駅を出発した名松線の普通列車（写真左）はしばらくの間、紀勢線や近畿日本鉄道山田線（写真右）の線路と並走する。写真のように近畿日本鉄道の特急列車と顔を合わせる機会もあるかもしれない。松阪～上ノ庄間*

年6月に全線復旧。「代替バスが通行可能な道路が整備されていない」と、廃止も撤回されました。2009（平成21）年10月には、台風18号によって家城駅と伊勢奥津駅との間が不通に。JR東海は家城～伊勢奥津間を廃止する方針を表明しましたが、沿線の自治体が災害対策を実施することで存続が決定。じつに6年半後の2016（平成28）年3月26日に全線復旧を果たしました。

旅は松阪駅から始まります。列車が出発してからしばらく、JR東海の紀勢線と同じ線路を走ります。隣の電化された立派な複線は、近畿日本鉄道の山田線。名松線が伊勢奥津駅止まりとなる原因の一つをつくった路線です。山田線、そして紀勢線と別れた名松線は、伊勢平野の田園地帯を北西に進みます。

プラットホームと待合室とがあるだけの上ノ庄駅の次は、権現前駅。駅から徒歩3分ほどの位置にある須賀神社にちなんだ駅名で、駅前には木工所があり木の香りが漂います。肥沃な土地を整備した美しい水田と住宅地とが広がり、のどかな雰囲気。

松阪駅から1kmほど離れて並走してきた近畿日本鉄道大阪線が、名松線に最も近づくのが一志駅です。大阪線の川合高岡駅とは直線距離で150mほどしか離れておらず、歩いても5分かかりません。右手の高台の向こうには新興住宅地もあり、ここまでは地方都市の郊外といった趣です。

家城駅を出発した伊勢奥津駅行きの普通列車はほどなく雲出川を渡る。写真の雲出川家城橋りょう（長さ102m）は、沿線では真見鉄橋と呼ばれることが多い。家城～伊勢竹原間*

次の井関駅付近から、急に沿線の人家が減ってきます。名松線最初のトンネル、大井トンネルを抜けると、右手に雲出川の清流が現れました。

田んぼの中にある伊勢川口駅では、駅向かいの道路に注目しましょう。道路脇にわずかにプラットホームの痕跡が残っています。これは、1943（昭和18）年に廃止された中勢鉄道の跡。ここ伊勢川口駅から、雲出川の対岸を通って、津市内まで通じていた鉄道で、伊勢川口駅から15分ほど歩いた雲出川に中勢鉄道の橋りょうの橋脚が残っています。

## JR唯一の票券閉そく式を採用した区間

家城駅は名松線の中心駅。全線を通じて唯一行き違い設備を備えており、ここでは全国でも珍しいタブレットの交換を見ることができます。

名松線は、松阪～家城間25.8kmが票券閉そく式、家城～伊勢奥津間17.7kmはスタフ閉そく式と呼ばれる保安システムを採用しています。票券閉そく式は通票、スタフ閉そく式はスタフと呼ばれる一種の通行証明書を所持している列車しか出発できないというもの。どちらも最初から一つしかなく、票券閉そく式では同一方向に列車を連続して運転する場合は通券という券を別に出しますので、ルールを守れば列車が衝突することはありません。名松線では通票、スタフとも円盤形の金物であるタブレットを使用していて、家城駅では伊勢奥津駅から来た列車と、松阪駅から来た列車とがタブレットを交換するのです。明治時代から使われてきた保安システムですが、現在JR各社の路線で票券閉そく式を採用しているのは、全国でもこの名松線だけ。行き止まりの路線の末端区間で使われるスタフ閉そく式も非常に珍しくなりました。

家城駅からは、山が迫る渓谷(けいこく)の区間に入ります。駅の南にある家城ラインは、春は桜の花見、夏は鮎釣りでにぎわう景勝地です。川を斜めに渡る雲出川家城橋りょうから、岩と川の流れがつくり上げた奇景を眺めることができます。

伊勢八知(いせやち)駅を出たあたりから、いよいよ沿線に人家が少なくなり、川に沿った狭い谷を蛇行しながら進みます。線路上に鹿が頻繁に

松阪駅を目指す普通列車が満開の桜の木の横を通る。伊勢鎌倉(いせかまくら)～伊勢八知間*

現れるのもこのあたり。列車は徐行し、気笛を鳴らしますが、鹿は列車が線路の上を走っているとは知らないので、なかなかどいてくれません。夜間には、鹿と衝突してしまう事故も多く発生しています。

杉やヒノキに囲まれた森から抜けると、終点の伊勢奥津駅に到着。駅構内には、蒸気機関車時代の給水塔がいまも残っています。この先、名松線が目指した近畿日本鉄道大阪線の名張駅までは路線バスが運行されていますが、朝7時台の1本しかないので、残念ながら乗り継ぐことはできません。駅周辺には古い民家を利用したカフェなどがあるので、散策を楽しんだら松阪駅行きの列車で引き返すのがよいでしょう。

伊勢奥津駅の1駅手前にある比津(ひつ)駅に停車中の普通列車。雲出川沿いの狭い谷間にあり、線路の近くまでしばしば鹿が現れる。*

名松線の終点、伊勢奥津駅。真新しい駅舎には名松線の存続を願い「みんなで守ろう名松線」と記された看板が掲げられている。*

11

アルピコ交通

# 上高地線

松本～新島々間 [営業キロ] 14.4km

[最初の区間の開業] 1921 (大正10) 年10月2日／松本～新村間
[最後の区間の開業] 1922 (大正11) 年9月26日／波田～新島々間
[複線区間] なし
[電化区間] 松本～新島々間／直流1500ボルト
[旅客輸送密度] 2352人

新島々駅
松本駅

## 「松本電鉄」の名で地元民に親しまれる

アルピコ交通上高地線は、ともにJR東日本の篠ノ井線や大糸線の列車も発着する長野県松本市の松本駅を起点とし、やはり松本市の新島々駅を終点とする14.4kmの路線です。最初に断っておきますと、上高地線に実際に乗りますと、「アルピコ交通」という鉄道会社の名はあまり案内表示に用いられていないことに気づきます。それでは何という社名が使用されているかというと、「松本電鉄」です。松本電鉄の正式な名称である松本電気鉄道は、2011（平成23）年3月31日まで上高地線の鉄道事業を行っていて、沿線の人々に親しまれていました。

上高地線の松本駅はJR東日本と同じ駅構内に設けられています。プラットホームは大糸線と共通のものを用いており、大糸線に対して西側の7番乗り場からの発着です。

それでは7番乗り場で出発を待つ2両編成

北アルプスの山々を見ながら上高地線の普通列車は走る。下新～北新・松本大学前

の電車に乗ってみましょう。3000系と名づけられた電車は、実は京王電鉄井の頭線を走っていた電車です。とはいえ、車体の色は井の頭線で走っていたステンレス鋼の素材そのままの色である銀色とは異なり、さわやかな白色に塗られています。電車のなかには上高地線のイメージキャラクターである「渕東なぎさ」のラッピング電車となったものもあるので、注意して見てください。

○咲き誇るひまわりの畑のすぐ横を、「渕東なぎさ」のラッピング電車が通り過ぎていく。北新・松本大学前〜新村間

松本駅を出発した列車は、JR東日本の車両基地である松本車両センターを左側に見ながら、右側へと曲がっていきます。松本車両センターが途切れたと思ったら西松本駅です。田川を直線で渡った後、再び右カーブとなって曲がり切りますと渚駅となります。松本市の市街地を行きますので、路線名からイメージされる上高地の高原の光景はまだ見られません。

渚駅を出ますと、今度は奈良井川を渡ります。奈良井川を渡ってすぐのところにあるのは信濃荒井駅です。松本市の市街地はまだ広がっていますが、このあたりから線路の周囲に水田も見ることができます。

上高地線は標高586mの松本駅から標高693mの新島々駅に向けて、標高差107mを上っていく路線です。大庭駅を出たあたりで10パーミル程度の上り坂がスタート。下新駅、北新・松本大学前駅を経て、新村駅から上り坂のこう配は16.7パーミルと険しくなってきました。

新村駅は駅構内に車両基地が設けられた駅です。車両基地は新島々駅方面への列車から見て右側にあり、黄色く塗られた除雪車の姿を見ることができるかもしれません。小ぶりながらも頑丈そうなラッセル部分を備えた除雪車が待機しているのですから、それだけ冬には積雪に見舞われることを意味します。

## バスに乗り換えて上高地を目指す

列車は新村駅を出発しますと、速くても時速50km程度とそろりそろりと走り出しました。上り坂とはいえ、周囲が開けた市街地のなかに線路が敷かれていますので、谷間を行く路線のように右へ左へめまぐるしく曲がるという印象はあまりありません。直線がちの区間で坂を上っていくので、先頭車両に乗って運転室越しに前方を見ると、先のほうにある線路が高い位置に敷かれていることがわかるでしょう。

三溝駅を出た列車に立ちはだかるのは21.4パーミルの上り坂です。線路のこう配としては急なほうですが、何分にも直線がちの区間なのであまり険しくは感じられません。

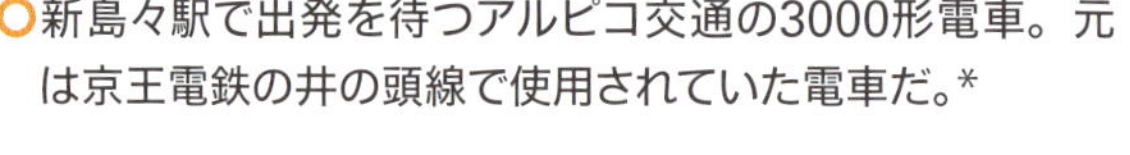

新島々駅で出発を待つアルピコ交通の3000形電車。元は京王電鉄の井の頭線で使用されていた電車だ。*

新島々駅は上高地線の終点であり、上高地めぐりの拠点となる新島々バスターミナルが併設されている。

ただし、列車の速度は時速40kmで走っているかどうかといったところで、足元を確かめるかのようにゆっくりと坂を上っていきます。

先ほど紹介したイメージキャラクターの名字にもなっている渕東駅に到着するころになりますと、線路の周囲に飛騨山脈の山々が近づいてきました。いよいよ山岳区間かと思いきや、線路は引き続き直線がちで、そのまま終点の新島々駅に到着です。

新島々駅は1面のプラットホームの両側に線路が敷かれているという、途中で見られた行き違い駅と同じ程度の規模の駅です。しかし、改札口を出てみると、駅舎がとても広々としていることに気づきます。この駅には新島々バスターミナルが併設されていて、上高地方面をはじめ、乗鞍高原方面、白骨温泉方面、高山方面のバスが忙しく発着しているのです。

上高地線に乗って新島々駅を降りた旅客はほぼ全員といってよいほど、バスに乗り継ぎます。そして、その行き先の多くは路線名と同じ上高地です。

新島々駅からバスに乗って1時間のところにある標高1500mの上高地は高原の景勝地として知られています。なかでも定番の観光スポットといえば、梓川にかけられた河童橋から望む標高3000m級の穂高連峰の眺めです。

夏の上高地は日中であればどの時間帯でも清々しいものですが、やはり早朝の美しさにはかないません。行楽シーズン中の上高地線では、早朝の朝4時台に出発し、途中のすべての駅を通過して朝5時すぎに新島々駅に到着する臨時列車が運転されています。バスを乗り継ぎますと上高地に着くのは6時半ごろ。朝早く松本駅に行くのは大変かもしれませんが、その価値は十二分にある絶景が楽しめます。

上高地を代表する存在といえばつり橋の河童橋だ。橋の上からは穂高連峰や焼岳をはじめ、澄み切った梓川の水面や木々の緑など、魅力は尽きない。*

富山地方鉄道

# 本線／立山線／不二越線／上滝線

電鉄富山～宇奈月温泉間（本線）［営業キロ］53.3km、寺田～立山間（立山線）［営業キロ］24.2km、稲荷町～南富山間（不二越線）［営業キロ］3.3km、南富山～岩峅寺間（上滝線）［営業キロ］12.4km

［最初の区間の開業］1913（大正2）年6月25日／上市～滑川間（本線）、1921（大正10）年3月19日／五百石～岩峅寺間（立山線）、1914（大正3）年12月6日／稲荷町～南富山間（不二越線、全通）、1921（大正10）年4月25日／南富山～上滝間（上滝線）
［最後の区間の開業］1936（昭和11）年10月1日／電鉄黒部～下立口間（本線）、1955（昭和30）年7月1日／立山（仮）（現在は廃止）～立山間（立山線）、1921（大正10）年8月20日／上滝～岩峅寺間（上滝線）
［複線区間］電鉄富山～稲荷町間（本線）
［電化区間］電鉄富山～宇奈月温泉間（本線）、寺田～立山間（立山線）、稲荷町～南富山間（不二越線）、南富山～岩峅寺間（上滝線）／直流1500ボルト
［旅客輸送密度］2409人（本線）、789人（立山線）、1065人（不二越線）、1104人（上滝線）

## 富山平野を駆け抜け、宇奈月を目指す

富山地方鉄道はその名のとおり、富山県内に広大な路線網を展開する鉄道会社です。路線は、一般的な形態の鉄道線グループと富山市内に敷かれた路面電車の軌道線グループとに分けられています。本書の趣旨に沿っているのは鉄道線グループですのでこちらを紹介しましょう。

鉄道線グループは本線、立山線、不二越線、上滝線の4路線から構成されます。本線は富山県富山市の電鉄富山駅を起点とし、富山県黒部市の宇奈月温泉駅を終点とする路線。立山線は本線の列車も発着する寺田駅を起点とし、富山県立山町にあり、立山黒部貫光鋼索線の列車も発着する立山駅を終点とする路線、不二越線は本線の列車も発着する稲荷町駅を起点とし、上滝線の列車も発着する南富山駅を終点とする路線、上滝線は不二越線の列車も発着する南富山駅を起点とし、立山線の列車も発着する岩峅寺駅を終点とする路線です。

電鉄富山駅の駅舎は、JR西日本北陸新幹線やあいの風とやま鉄道あいの風とやま鉄道線の列車も発着する富山駅の駅舎と隣り合わせにあり、ほとんど同じ駅といってよいでし

電鉄富山駅で出発を待つ本線の上市駅行き普通列車。車両は16010形電車で元は西武鉄道で特急列車に用いられていた。*

ょう。行き止まりとなったプラットホームの先端に改札口が設けられていたり、線路の両側にプラットホームを設置するという具合に、大都市の民鉄のターミナルといったたたずまいの電鉄富山駅を出発した列車は、北陸新幹線やあいの風とやま鉄道線の線路と並んでまずは東に進み、やがて列車から見て右側へと分かれます。

まもなく列車は稲荷町駅に到着です。この駅に進入する手前で左に分かれる本線と右に分かれる不二越線とがYの字を描くつくりとなっています。また、本線と不二越線との間の空間には車両基地も設けられました。

富山市の市街地のなかを行く光景は越中荏原駅と越中三郷駅との間にある常願寺川を渡ると一変し、水田地帯のなかを進みます。広大な富山平野を進む列車は、今度は寺田駅で立山線と分岐です。稲荷町駅と同じようなYの字型に線路が敷かれ、左に本線、右に立山線がそれぞれ分かれていきます。

上市駅は行き止まりの駅で、この駅を出発するときは列車は向きを変えなくてはなりません。もともと上市駅から先に線路が敷かれていたからこのようなつくりとなったといわれていますが、案外理由ははっきりとしていません。

いままで東に向かっていた列車は上市駅を出ますと北に方向を変えました。景色は市街地と水田地帯とが交互に現れるというもの。中加積駅と西加積駅との間で北陸新幹線の高架橋をほぼ直角にくぐり、西滑川駅を出た直後に右に曲がって、あいの風とやま鉄道線と並走を始めます。当初は列車の左側を並走していたあいの風とやま鉄道線の複線の線路は、越中中村駅と西魚津駅との間で入れ替わり、今度は右側に移りました。新魚津駅と経田駅との間まで12kmほども続く並走区間というのは、ほかにあまり例はないでしょう。この間、滑川駅と新魚津駅とで、あいの風とやま鉄道線と乗り換えが可能です。

本線の西魚津駅で、あいの風とやま鉄道あいの風とやま鉄道線の列車（写真一番右）と顔を合わせる。*

右に分かれたあいの風とやま鉄道線を見ながらさらにまっすぐ進む列車は、電鉄石田駅を出ますと右に曲がり、さきほどまで並走していた複線の線路を直角に乗り越えていきます。市街地を進むようになり、黒部市の中心ともいえる電鉄黒部駅に到着です。

## 富山平野を行く不二越線・上滝線

黒部市の市街地が途切れて水田が目立つころ、前方に北陸新幹線の高架橋が現れました。交差地点には駅が設けられており、本線のほうは新黒部駅、北陸新幹線のほうは黒部宇奈月温泉駅といいます。新黒部駅は北陸新幹線の開業と同時に設置されたものの、駅名が異

○新黒部駅に停車中の本線の普通列車。上に見える駅は北陸新幹線の黒部宇奈月温泉駅だ。

なっているのは、本線の終点である宇奈月温泉駅との混同を避けるためでしょう。

富山平野を進んできた列車は、浦山（うらやま）駅を出たあたりで山あいの区間を走るようになります。愛本（あいもと）駅を過ぎますと列車の左側を黒部川が流れているのが見えるようになり、音沢（おとざわ）駅を過ぎますと黒部川がかたちづくった深い谷間が現れました。本格的な山岳路線となり、終点の宇奈月温泉駅に到着です。この駅から200mほど歩くと、黒部峡谷鉄道本線の宇奈月駅があります。

寺田駅を出発した立山線の列車がまず目指す方向は南です。水田地帯のなかをほぼ一直線に岩峅寺駅まで進みます。岩峅寺駅を出ますと線路の周囲は常願寺川が形成した谷間となり、急に山岳路線となりました。ひたすら坂を上り続け、終点の立山駅に到着です。この駅から立山黒部貫光のケーブルカーに乗り、立山黒部アルペンルートの旅を楽しみましょう。

不二越線の列車は、稲荷町駅を出発しますと南を目指します。線路の周囲は富山市の市街地です。市街地は途切れることなく南富山駅に到着です。この駅は上滝線との境界ですが、実際には不二越線と上滝線とは一体化されていて、わずかな停車時間でそのまま上滝線に直通します。

上滝線の線路の周囲も初めのうちは富山市の市街地です。布市（ぬのいち）駅を出たあたりで水田地帯となり、広々とした富山平野を実感できます。

大川寺（だいせんじ）駅を出ますと常願寺川を渡り、終点の岩峅寺駅に到着です。岩峅寺駅からは飛驒（ひだ）山脈の立山、黒部の山々が見えています。

○雪の北アルプスを横に見ながら、立山線の普通列車が走る。車両は10030形で、京阪（けいはん）電気鉄道からやって来た電車だ。*

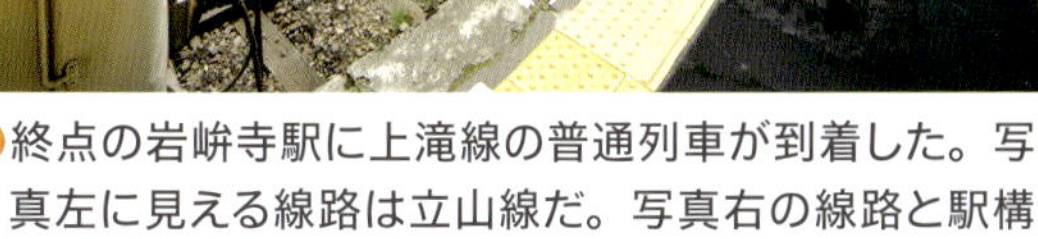
○終点の岩峅寺駅に上滝線の普通列車が到着した。写真左に見える線路は立山線だ。写真右の線路と駅構内で合流する。*

13

うえだでんてつ
# 上田電鉄
# 別所線

上田～別所温泉間　［営業キロ］11.6km

［最初の区間の開業］1921（大正10）年6月17日／上田～別所温泉間

［最後の区間の開業］—

［複線区間］なし

［電化区間］上田～別所温泉間／直流1500ボルト

［旅客輸送密度］1671人

上田駅
別所温泉駅

## 城下町上田と別所温泉とを結ぶ

上田電鉄の別所線は、JR東日本の北陸新幹線やしなの鉄道のしなの鉄道線の列車が発着する長野県上田市の上田駅を起点とし、同じく上田市の別所温泉駅を終点とする11.6kmの路線です。線路は終点付近を除いておおむね上田盆地に敷かれており、山岳路線というよりも、里のなかを列車が走り回る路線といえるでしょう。

別所線の列車は、北陸新幹線やしなの鉄道線から斜めに突き出した高架橋から出発します。この高架橋は1998（平成10）年9月30日の完成とのことで、上田駅を含む北陸新幹線の高崎駅と長野駅との間が開業した前年10月1日の前日です。つまり、北陸新幹線の開業後に別所線の列車は上田駅から高架橋を走ることとなりました。とかくローカル鉄道路線といいますと高架橋など無縁と考えてしまいがちです。でも都心部では踏切が交通

○別所線の普通列車が直線区間を快走する。車両は画家の原田泰治氏がデザインした「自然と友だち2号」だ。大学前～下之郷間

渋滞を招きますので、別所線に限らず、立体交差化が行われる例がまま見られます。

上田駅を出発した列車は2両編成で、用いられている電車は1000系または6000系です。どちらも車体はステンレス鋼でつくられており、首都圏や京阪神圏の通勤電車などでおなじみのつくりをもっています。1000系、6000系ともともとは東京急行電鉄の1000系という電車で、東横線や池上線、東急多摩川線をはじめ、東京地下鉄の2号線日比谷線にも乗り入れたこともある電車です。

別所線の列車は上田駅を出ますと高架橋を左に曲がります。曲がりきって高架橋を降りると、すぐに千曲川(ちくまがわ)橋りょうです。この橋りょうには、鋼材を三角形に組み立てたトラスと呼ばれる枠型の桁(けた)を架け渡してあります。

千曲川を渡りきりますと、最初の駅となる城下(しろした)駅に到着です。「城」というからにはどこかにお城があるのでは、と気になるでしょう。そのとおりで、城下駅から北に1.3kmほどのところに上田城があります。具体的には城下駅から見て千曲川の対岸で、さらに北陸新幹線やしなの鉄道線の線路のさらに向こう側です。上田城は16世紀の終わりに戦国

別所線の普通列車が上田市を流れる大河、千曲川を渡る。*

武将の真田昌幸(さなだまさゆき)によって築かれました。

城下駅を出発した列車は上田市の市街地を進みます。三好町(みよしちょう)駅、赤坂上(あかさかうえ)駅ときて上田原(うえだはら)駅を出ますと左への急カーブが現れました。列車は向きをほぼ90度変えて、それまでの西から南南西に進みます。面白いことにいま曲がったカーブ自体は結構急でしたが、その後は600mほど直線が続くという点です。高架橋と同様、とかくローカル鉄道路線というとカーブだらけという印象が強いのですが、広大な上田盆地に敷かれただけに、別所線の線路は比較的直線基調であるといえます。

## 西丸子線の遺構を見ながら、電車は進む

南下を続けた別所線の列車は右にカーブしながら下之郷(しものごう)駅に到着です。この駅には列車から見て右側に別所線の電車の車両基地が設けられました。もう一つ注目してほしいのは、列車のすぐ左側に設けられた、電車を留め置くための線路です。プラットホームに面した線路は右に曲がっているいっぽう、こちらの線路はまっすぐ延びていて、あたかも下之郷駅から別所線とは別の方向に分かれていくように見えます。

実はこの線路は1963（昭和38）年11月1日に廃止となった西丸子(にしまるこ)線の跡です。上田電鉄の昔の社名である上田丸子電鉄の西丸子線は、下之郷駅から南東に位置する西丸子駅ま

下之郷駅に留置されている1000系電車。この線路は西丸子線の跡を利用して設けられた。電車の行先表示器にある「多摩川」とは、上田電鉄の前で使用されていた東京急行電鉄の東急多摩川線の駅名だ。下之郷駅*

での8.6kmを結んでいました。

下之郷駅を出発した直後、列車はほぼ直角に右に曲がります。周辺は市街地から水田地帯となりますが、次の中塩田（なかしおだ）駅の手前からまた市街地が現れました。このような光景は次の塩田町（しおだまち）駅、中野（なかの）駅まで続き、中野駅を出ますと広大な水田のなかを列車は進んでいきます。

終点の一つ前の駅である八木沢（やぎさわ）駅と終点の別所温泉駅との間で、姿が大きく変わるのが別所線の特徴です。線路は急な上り坂で、そのこう配は別所温泉駅の手前の1km近くは40パーミルとなります。

急こう配区間といいましても、景色そのものはたとえば狭い谷間ではなく、いままでと同様の市街地に水田ですので、あまり実感できません。ところが、線路沿いに建つ住宅ですとか商店をよく見てください。線路に対して斜めに建てられていることがわかるでしょう。もちろん、建物が傾いているのではなく、線路のほうが傾いているのです。

1000系や6000系は40パーミルをものともせずに軽快に走ります。やがて列車の左側に電車が現れました。これはかつて別所線を走っていたモハ5250形という電車で、戸袋の窓が円形という珍しい特徴をもち、沿線では「丸窓電車」として親しまれたそうです。

丸窓電車が姿を見せましたらすぐに別所温泉駅となります。名湯として知られる別所温泉の中心街へは歩いて10分ほどです。

ところで、上田駅で別所線の列車に乗る際、温泉口という改札口を通ったのを覚えていますか。上田駅の周辺には温泉はありません。温泉口の「温泉」とは別所温泉を指しています。

かつての上田電鉄の電車は丸窓で知られ、最新鋭の1000系も一部を丸窓に改装された。「まるまどりーむ号Mimaki」として走っている。*

別所温泉駅の構内には、モハ5250形のモハ5252号が保存されている。*

大井川鐵道

# 大井川本線 金谷～千頭間 [営業キロ]39.5km

# 井川線 千頭～井川間 [営業キロ]25.5km

[最初の区間の開業] 1927(昭和2)年6月10日／金谷～横岡(廃止)間(大井川本線)、1959(昭和34)年8月1日／千頭～井川間(井川線)
[最後の区間の開業] 1931(昭和6)年12月1日／青部～千頭間(大井川本線)
[複線区間] なし
[電化区間] 金谷～千頭間(大井川本線)、アプトいちしろ～長島ダム間(井川線)／直流1500V
[旅客輸送密度] 668人(大井川本線と井川線との合算値)

## 大井川本線は、大井川に沿って進む

大井川鐵道には大井川本線と井川線という、2つの路線があります。大井川本線は、JR東海の東海道線（熱海～米原間）の列車も発着する静岡県島田市の金谷駅を起点とし、同じく静岡県川根本町にある千頭駅を終点とする39.5kmの路線です。いっぽう、井川線の起点は千頭駅で、静岡県静岡市葵区にある25.5km先の井川駅が終点となります。

大井川本線の金谷駅は東海道線と同じ駅構内にあります。この駅を出発した列車は東海道線としばらく並んで東に向かい、やがて北へと向きを変えて東海道線と分かれました。と同時に下り坂となって、大井川右岸の平地に降りきったところが新金谷駅です。

新金谷駅は大井川鐵道の本社所在地で、広々とした構内には車庫があり、大井川本線で活躍する車両が留め置かれています。そのなかでひときわ目立つのが蒸気機関車、略称SLです。大井川鐵道は1976（昭和51）年から観光列車としてSL列車を走らせており、しかも運行日は年間に300日以上と、全国数ある鉄道会社のなかでもただ一つの存在といえます。

SL列車の始発駅は新金谷駅です。ここから千頭駅まではSL列車に乗った気分で大井川の上流を目指すことにしましょう。

大井川の右岸の平地に形成された街並みは、五和駅を出て、新東名高速道路をくぐったあたりで途切れます。と同時に平地も終わり

○大井川本線といえば蒸気機関車で知られ、1976年から観光用として走らせている。福用～大和田間*

○川根茶の茶畑の広がるなかを進む大井川本線の普通列車。写真の電車は南海電気鉄道からやって来た。家山～抜里間*

○近畿日本鉄道から譲渡された電車が大井川第二橋りょうを渡る。元は南大阪線、吉野線で特急列車に用いられていた。青部～崎平間*

を告げ、列車の前に立ちはだかるのは山並みです。いままで大井川から離れていた線路もこの川に吸い寄せられます。列車の右側に見える大井川の川幅は、このあたりではまだ700mほどもあるのはさすがに大河です。線路の左側には赤石山脈の険しい山々の斜面が迫り、この斜面を切り取った狭い敷地のなかを列車は進みます。

家山駅を出発しますと、斜面側に茶畑が姿を現しました。大井川本線の沿線を産地とするお茶を川根茶といいまして、宇治茶、狭山茶と並ぶ日本三大銘茶と称される静岡茶の一銘柄です。おいしさの秘密は沿線の気候です。昼と夜とで寒暖差が大きく、それに大井川から立ち上る霧が葉を直射日光から守ることによってタンニンの生成が抑えられるため、甘みとうま味とに富んだお茶に仕上がります。

先ほど通りました新金谷駅に併設された大井川鐵道直営の売店、プラザロコでは、ペットボトル入りの川根茶が販売されていますので、SL列車の旅のお供によいでしょう。

列車は抜里駅を出ると大井川を渡り、今度は列車の左側に大井川が見えるようになります。このあたりまで来ると大井川の川幅も200mほどと狭くなり、しかも川の流れは右へ左へと曲がりくねっており、山が深くなったことがわかるでしょう。

いままでの緩やかな坂道は、川根温泉笹間渡駅から急に険しくなり、蒸気機関車はあえぎながら坂を登って行きます。この先、大井川を3回渡り、この川を列車の右側に見ながら終点の千頭駅に到着です。千頭駅の標高は300mで、標高93mの金谷駅から標高差にして207m上ったことになります。

## 井川線は、発電所への資材輸送と観光用の路線

千頭駅を起点とする井川線の線路は大井川本線と結ばれていますので、一本の路線としてしまえばよいのに、と思うでしょう。実際に列車に乗ってみますと、大井川本線を走る電車の寸法は、JRの在来線や大手民鉄とほぼ同じく長さ20m程度、幅2.8m程度、高さ

4m程度ですが、井川線の車両は、長さは10m程度、幅は1.8m程度、高さは2.7m程度しかない点に気づくでしょう。ちょうど22ページで紹介した黒部峡谷鉄道本線と同様の車両が走っていることとなり、井川線の役割もやはり観光用、そして水力発電所向けの資材の運搬用です。

井川線の旅客列車は千頭駅側にディーゼル機関車を連結し、動力のない客車は井川駅側に連結されます。急坂を安全に上り下りするための工夫で、強力なブレーキを備えているディーゼル機関車が標高の低い側に連結されていることで、客車は坂を転げ落ちる心配が少なくなるのです。

○井川線の車両は大井川本線のものと比べると半分ほどしかない。写真は井川行きの普通列車。機関車は常に千頭駅寄りに連結される。なお、最後尾の大型の機関車はアプト式の区間用のED90形電気機関車だ。長島ダム駅

千頭駅を出ますと大井川を右側に見ながら、狭い谷間を急カーブを曲がりながら坂を上っていきます。大井川を渡って今度はこの川を左側に見ながらアプトいちしろ駅に到着です。

アプトいちしろ駅ではディーゼル機関車の後ろにさらに電気機関車が連結されました。この駅から次の長島ダム駅までの1.5kmは90パーミルものこう配区間で、さすがに車輪とレールとの摩擦力だけでは坂を上り下りできません。そこで、電気機関車はアプト式といいまして、2本のレールの真ん中にラックレールと呼ばれる歯形のレールを設置し、車軸に設けた歯車とかみ合わせる方式が採用されました。アプト式が見られるのは全国で井川線だけです。

長島ダム駅からは再びディーゼル機関車に押されて坂を上ります。奥大井湖上駅は、長島ダムによって大井川をせき止めてつくられた接岨湖に突き出した場所に設けられた駅です。駅の前後は橋りょうとなっていて、あたかも島に停車したかのように見えます。

接岨峡温泉駅を出ますといよいよ谷間は深くなり、トンネルがちの森林区間となって大井川をあまり見ることはできません。カーブはさらにきつく、半径50mと他の路線では見られない曲線が現れます。ディーゼル機関車は25パーミルの坂を力強く押し続け、標高686mの終点、井川駅に到着です。千頭駅からじつに386mも上ってきました。

○アプト式によって90パーミルの急こう配に挑む。左右のレールの中央に見えるのがラックレールで、写真手前の電気機関車の車軸に装着された歯車とかみ合うことで坂を登り下りできる。アプトいちしろ〜長島ダム間*

15

長良川鉄道

# 越美南線

美濃太田～北濃間 [営業キロ]72.1km

[最初の区間の開業]1923(大正12)年10月5日／美濃太田～美濃市間
[最後の区間の開業]1934(昭和9)年8月16日／美濃白鳥～北濃間
[複線区間]なし
[電化区間]なし
[旅客輸送密度]353人

## 刃物の街を経て長良川に沿って進む

長良川鉄道の越美南線は、JR東海の高山線や太多線の列車も発着する岐阜県美濃加茂市の美濃太田駅を起点とし、岐阜県郡上市の北濃駅を終点とする72.1kmの路線です。法規上の路線名は越美南線ですが、実際に利用すると、この名称で案内されることはほぼありません。越美南線とは国鉄時代の路線名で、1986（昭和61）年12月11日に国鉄の特定地方交通線として経営が分離され、長良川鉄道が列車の運行を担うようになった際に路線名も引き継がれたのです。せっかくの路線名ですから本書でもこの名称を使うことにしましょう。

起点の美濃太田駅は高山線や太多線と同じ駅構内に設けられました。東西に延びる駅構内を列車は西に向かって出発し、やがて岐阜駅方面に向かう高山線の線路を左側に見ながら、越美南線の線路は右に分かれます。線路の周囲は、次の前平公園駅、加茂野駅のあたりまでは美濃加茂市の市街地のなかです。やがて水田が現れますが、一面の田んぼとまではいきません。住宅や工場、商店なども点在しており、大都市の郊外を進んでいる印象です。

西へと走り続けた列車は関口駅を出てしばらく行くと右に曲がり、今度は北を目指します。右カーブが終わったころ、刃物会館前駅に到着です。

刃物会館前駅のある岐阜県関市では、古くは鎌倉時代の末期から日本刀の製造が行われてきました。日本刀の需要は江戸時代になりますと少なくなりましたが、包丁やはさみなどの製造への切り替えが功を奏し、刃物の一大産地として知られています。

○長良川鉄道では、ナガラ3形301号（写真）と同302号、ナガラ5形502号の3両のディーゼルカーを観光列車の「ながら」号に改装し、越美南線の旅をよりいっそう楽しめるようにした。*

駅から徒歩2分ほどの刃物会館では、関市で製造された刃物の展示や、刃物産業の歴史が紹介されているほか、地元の業者が製造した刃物類をお手ごろな値段で買うことも可能です。さらに、刃物会館から徒歩3分ほどのところには、刃物メーカーとして知られるフェザー安全剃刀の工場があり、工場の隣にはフェザーミュージアムが併設されていて、刃物について学ぶこともできます。

列車は刃物会館前駅を出ますと、関市の中心である関駅に到着です。そして関市役所に近い関市役所前駅、岐阜県立関有知高等学校に近い関下有知駅と、関市内に設置された駅に停車していきます。

## 深い谷間の途中には特徴のある街も

北上を続ける列車が岐阜県美濃市の梅山駅を出てしばらくしますと、列車の左側に長良川が近づいてきました。と同時に線路の周囲の平地は狭くなり、しばらく行くと湯の洞温泉口駅に到着です。駅名の元となった湯の洞温泉は長良川の対岸にあり、向かいに見えている山を少し登ります。距離は駅から1kmあまりです。

湯の洞温泉口駅を出発しますと谷間はいっそう狭くなり、山をトンネルで通り抜ける場所も増えました。長良川を2回渡って再び列車の左側に川を見ながら走るようになりますと、みなみ子宝温泉駅に到着です。

みなみ子宝温泉駅の駅舎には「日本まん真ん中温泉 子宝の湯」という温泉が併設されています。この温泉のお湯は、古くから子宝や安産の守り神として信仰を集めた子安神社のすぐ近くを源泉としていることから、子宝の湯と名づけられました。

列車はみなみ子宝温泉駅を出た後も、引き

長良川の青と山の緑とのコントラストが映える越美南線を行く。福野～美並苅安間*

駅舎内に「日本まん真ん中温泉子宝の湯」が併設されたみなみ子宝温泉駅。*

続き長良川によって形成された谷間を進みます。岐阜県郡上市の赤池駅までは割合開けた場所を走り、水田や市街地のなかを行くのが特徴です。しかし、その次の深戸駅からは谷間が深くなり、対岸の道路ぎりぎりまで斜面が迫っていることに気づきます。

長良川を左側に見ながら走っていた列車は川を渡って今度は右側に見るようになると、周囲は開けてきまして相生駅に到着です。再び深い谷間を走り出し、列車は次の郡上八幡駅に到着しました。

郡上八幡駅自体は、線路の右側に斜面が迫る谷間の駅です。しかし、郡上八幡駅を出ると列車の右側の視界が開け、線路から東に3kmほどの盆地が広がっています。盆地のなかを越美南線の線路が敷かれれば利用者にとってありがたかったでしょうが、再び長良川に戻るには険しい峠越えが待ち受けているためか、実現していません。

列車は郡上八幡駅を出ますと再び深い谷間を進みます。駅の近くで視界が開け、市街地や水田地帯を行くという光景をしばらくの間繰り返します。

美濃白鳥駅は結構広い盆地のなかにあります。郡上八幡駅周辺の盆地とは異なり、こちらでは線路が市街地の中心付近まで乗り入れています。長良川に沿って谷間を走り続けた列車は、終点の北濃駅に到着です。

国鉄時代に、越美南線は本巻でも紹介したJR西日本の越美北線と結ばれる計画が立てられていました。北濃駅と越美北線の終点の九頭竜湖駅との間は、直線距離で16kmほどです。山また山という周囲の光景を見ますと、もしも建設されていましたら全国有数の山岳路線となっていたでしょう。

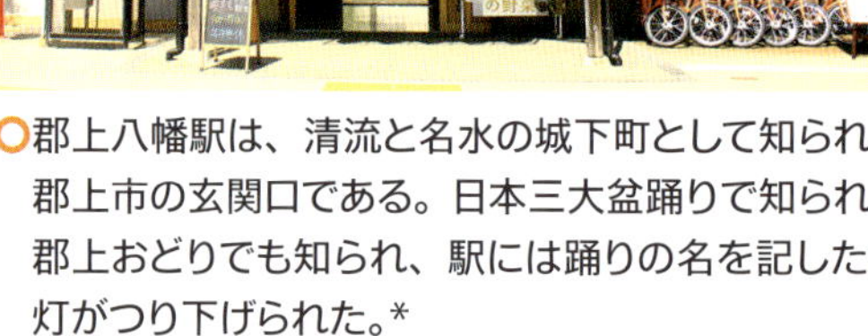


郡上八幡駅は、清流と名水の城下町として知られる郡上市の玄関口である。日本三大盆踊りで知られる郡上おどりでも知られ、駅には踊りの名を記した提灯がつり下げられた。*

越美南線の終点は岐阜県郡上市の北濃駅だ。線路はこの先福井県側に延ばされて越美北線と接続し、「越美線」となる予定であった。*

16

JR西日本

# 小浜線

**敦賀～東舞鶴間** [営業キロ] 84.3km

[最初の区間の開業] 1917(大正6)年12月15日／敦賀～十村間
[最後の区間の開業] 1922(大正11)年12月20日／若狭高浜～東舞鶴間
[複線区間] なし
[電化区間] 敦賀～東舞鶴間／直流1500ボルト
[旅客輸送密度] 1096人

## 若狭湾の海岸風景を楽しむ

JR西日本の小浜線は福井県敦賀市の敦賀駅を起点とし、京都府舞鶴市の東舞鶴駅を終点とする路線です。起点の敦賀駅には北陸線、終点の東舞鶴駅には舞鶴線と、ともにJR西日本の路線が接続しています。

敦賀駅では小浜線の列車が発着するのは1・2番乗り場です。列車は敦賀駅を出発しますとしばらくは北陸線の線路と並走しながら南に向かい、JR西日本の車両基地である敦賀地域鉄道部を通り過ぎますと北陸線から右側に分かれます。敦賀市の市街地を進みながら、列車の左側に標高225mの衣掛山が迫ってきましたら、西敦賀駅に到着です。

西敦賀駅では衣掛山の山腹をよく見てください。約50m上の場所に単線の線路が通っています。これは北陸線のうち、米原駅方面に向かう線路です。でも列車はなぜか敦賀駅のほうに向かって走っています。ここでは北陸線の線路はループ線となっていて、いったん敦賀駅に戻りながら10パーミルのこう配で衣掛山を上っているのです。

次の粟野駅を過ぎますと、列車の両側に山が迫り、切り土の区間を走りながら関峠を越えていきます。列車の右側の視界が開け、水田地帯を走りながら東美浜駅に到着。この駅を出ますと再び峠越えとなり、2つ目のトンネルを出て椿峠の手前ではほんの一瞬だけ日本海の若狭湾が姿を現します。

峠越えを終えて美浜駅に着くころにはようやく平地となりました。美浜駅を出発して広々とした水田地帯を進みますと、列車の右側にまずは久々子湖、菅湖、三方湖と三方五湖のうち、3つの湖をわず

小浜線の起点となる敦賀駅には、将来は北陸新幹線も乗り入れる。

小浜湾を見ながら走る小浜線の電車。車窓から海が望める区間は案外少ない。小浜〜勢浜間*

かな間ですが、見ることができます。

三方駅から小浜駅までの約25kmほどでは列車は内陸を走り、お目当ての若狭湾を見ることはできません。

小浜駅を出発してから2つ目となる勢浜トンネルを出ますと、列車の右側にようやく若狭湾が姿を現します。勢浜駅を経て加斗駅から2つ目の若狭和田駅までの間は若狭湾沿いを進み、リアス式海岸の複雑な地形を見ることができるでしょう。若狭和田駅を過ぎますと列車は内陸の水田地帯を進みますが、次の若狭高浜駅を出てしばらくすると一瞬ながら、海岸線に近づきます。

若狭高浜駅から先は山岳路線の趣が強まりました。次の三松駅を経て青郷駅からは峠越えとなり、吉坂トンネルが峠です。下り坂は次の松尾寺駅を過ぎても続き、終点の東舞鶴駅の手前でようやく終わります。

小浜線にはJR西日本の125系電車が使用されている。車両の両端に運転室をもち、1両での運転も可能だ。写真では側面中央に片引戸状のものが見えているが、実際には開閉しない。

福井県小浜市の中心となる小浜駅。小浜市に北陸新幹線が通ることが決まり、小浜駅に駅が開設されるのかどうかが注目される。

17

JR東海

# 参宮線

多気〜鳥羽間 [営業キロ] 29.1km

[最初の区間の開業] 1893（明治26）年12月31日／多気〜宮川間
[最後の区間の開業] 1911（明治44）年7月21日／伊勢市〜鳥羽間
[複線区間] なし
[電化区間] なし
[旅客輸送密度] 1692人

## 伊勢神宮参拝のために建設された路線

JR東海の参宮線は、JR東海紀勢線の列車も発着する多気駅を起点とし、近畿日本鉄道の鳥羽、志摩の両線の列車も発着する鳥羽駅を終点とする路線です。参宮線はもともと参宮鉄道という私鉄によって、紀勢線の津駅から多気駅を経て伊勢市駅（開業時は山田駅）までの間が1897（明治30）年11月11日までに開業しました。参宮鉄道は1907（明治40）年10月1日に国有化され、参宮線は1911（明治44）年7月21日に伊勢市駅と鳥羽駅との間が開業して全線開通を果たします。

鳥羽を目指す「快速みえ」。車両はJR東海のキハ75形（写真）、同キハ25形が使用され、名古屋〜鳥羽間を結ぶ。多気〜外城田間*

18ページでJR東海の紀勢線について紹介したとおり、参宮線の起点は津駅から多気駅へと移動しました。しかし、いまも参宮線の列車は多くが紀勢線に乗り入れており、多気駅を始発、終点とする列車は少数派です。

多気駅を出発した列車は水田地帯を進みます。宮川駅を出ますと、大きな川が現れました。宮川でして、列車は長さ458mと参宮線で最も長い宮川橋りょうを通っていきます。

宮川を渡ると三重県伊勢市の市街地です。山田上口駅を出てしばらく行きますと、左側から近畿日本鉄道山田線の複線が近づいてきました。この複線とそのまま並走し、列車は伊勢市駅に到着します。

伊勢市駅は「お伊勢さん」として親しまれる伊勢神宮を参拝する際の拠点です。伊勢神宮は広大で、伊勢市駅周辺にある合わせて125もの宮社から成り立っています。主要な神宮は伊勢市駅から徒歩5分のところにある外宮、そして外宮からバスで10分ほどのところにある内宮です。外宮は衣食住の神様である豊受大御神を、内宮は皇室の祖先でも

伊勢市駅は伊勢神宮参拝の拠点となる駅だ。近年、駅前広場が整備され、伊勢神宮にちなんだ鳥居も建てられた。*

伊勢神宮の内宮にある正宮（しょうぐう）こと皇大神宮（こうたいじんぐう）は、皇室の祖神（そしん）である天照大神をまつっている。*

ある天照大神（あまてらすおおみかみ）を、それぞれまつっています。

参宮線の「参宮」とは神社に参拝すること、特に伊勢神宮に参拝するという意味をもつ言葉です。今日、伊勢神宮には年間に800万人もの人々が参拝します。参宮線の開業時にはさらに多かったと伝えられ、参宮線は開業後すぐの1909（明治42）年に多気～宮川間と山田上口～伊勢市間とが複線となりました。しかし、戦時中の1944（昭和19）年8月に金属を供出するために単線に戻されています。広々とした駅構内、単線とはいえ幅の広い線路用地に複線であった当時の名残りが見られるでしょう。

松下（まつした）駅を過ぎて切り通し（きりどおし）を抜けると、臨時駅の池の浦（いけのうら）シーサイド駅があり、その先で列車の左側に伊勢湾が広がります。しばらく進むと湾となっている池の浦のうち、単線の線路の部分だけ埋め立てたところが現れます。池の浦を見ながら300mほど進むと再び切り通しになり、列車の左側に現れた近畿日本鉄道鳥羽線の複線と並走しながら、終点の鳥羽駅に到着です。

伊勢湾を見ながら走る参宮線の普通列車。車両はJR東海のキハ25形が使用されている。池の浦シーサイド～鳥羽間*

富山ライトレール

# 富山港線

富山駅北停留場〜岩瀬浜間　[営業キロ] 7.6km

[最初の区間の開業] 1924（大正13）年7月23日／富山口（現在は廃止）〜岩瀬浜間
[最後の区間の開業] 2006（平成18）年4月29日／富山駅北〜奥田中学校前間
[複線区間] 永楽町（停留場としての使用は2020年度の予定）〜奥田中学校前間
[電化区間] 富山駅北〜岩瀬浜間／直流600ボルト
[旅客輸送密度] 3503人

## 全国初のライトレールとして再生を果たす

富山ライトレールの富山港線は富山駅北停留場を起点とし、岩瀬浜駅を終点とする7.6kmの路線です。線路はすべて富山県富山市に敷かれています。起点が「停留場」、終点が「駅」と異なっているのは、鉄道としての富山港線の形態が異なっているからです。66ページで紹介する福井鉄道福武線と同様、旅客が乗り降りする場所の名称は、路面電車として開業した区間は停留場、一般的な鉄道として開業した区間は駅となります。

もう一つ説明しましょう。鉄道会社名の「ライトレール」とは次世代型路面電車システムを指す「Light Rail Transit（LRT）」から取られたものです。富山港線のうち、奥田中学校前駅付近と岩瀬浜駅との間は2006（平成18）年3月1日まではJR西日本の富山港線で、富山駅と岩瀬浜駅との間の8.0kmの路線でした。旅客の輸送人員が年々減るなか、JR西日本は富山港線の廃止を検討していましたが、沿線の富山市を中心に第三セク

○富山港線を走る0600形。車体の塗色は写真のオレンジ色のほか、赤、黄、黄緑、緑、青、紫の各色がある。富山駅北〜インテック本社前間*

ター鉄道の富山ライトレールが経営を引き継ぐこととなります。同時に富山市の中心部への乗り入れを見越して、富山駅周辺は道路上を走ることとなり、全国初の次世代型路面電車システムが誕生したのです。

JR西日本北陸新幹線やあいの風とやま鉄道あいの風とやま鉄道線の列車、富山地方鉄道の通称鉄道線である本線の列車、同じく富山地方鉄道の路面電車、富山駅南北接続線の電車が発着する富山駅の北口（本線は電鉄富山駅）から富山港線の電車は出発します。駅前の乗り場を出ますと単線の線路が敷かれている場所は道路上です。床面がレールの高さ近くまで下げられた超低床電車が大通りを走って行きます。

当初北北東に向かった電車は最初の交差点で右折し、今度は東南東へ。インテック本社前停留場を過ぎると道路は東に折れ、線路もまた東に曲がります。単線で進んできた線路はいたち川を渡り終えると、複線となりました。このまま300mあまり進み、左に曲がって道路と分かれます。左に曲がり終えましたら奥田中学校前駅で、法規上はここから一般

路面電車の線路は通常は道路の中央部に敷かれる。富山駅北停留場付近の一部の区間では写真のように路肩寄りに設置された。富山駅北～インテック本社前間*

の鉄道です。

富山港線の電車はここから先、ほぼ一直線に北上します。線路の周囲は富山市の市街地で、住宅や工場、商店がどこまでも密集している点が特徴です。

粟島（大阪屋ショップ前）駅はその名のとおり、大阪屋ショップというスーパーマーケットの最寄駅となっています。ここからさらに進むと競輪場前駅に到着です。駅のすぐ前には富山競輪場があり、競輪開催日には多くの観客で電車や駅はにぎわいます。

岩瀬運河を渡って東ソーという化学メーカーの工場を右手に見ながら走ると、終点の岩瀬浜駅です。駅名どおり海に近く、岩瀬浜海水浴場は駅から300mほどのところにあります。

東岩瀬駅に進入する0600形。プラットホームは、写真右のように床の低い0600形に合わせたものが用意され、写真左のようにJR西日本時代のものも残された。*

イルミネーションに彩られた富山市の都心部を行く。2020年春には富山駅～富山駅北間が延伸となり、富山港線と富山地方鉄道の路面電車とが相互に乗り入れを始める予定だ。富山駅北～インテック本社前間*

立山黒部貫光

# 無軌条電車線

室堂～大観峰間　[営業キロ] 3.7km

[最初の区間の開業] 1996（平成8）年4月23日／室堂～大観峰間
[最後の区間の開業] —
[複線区間] なし
[電化区間] 室堂～大観峰間／直流600ボルト
[旅客輸送密度] 3425人

## 日本でただ一つの無軌条電車

立山黒部アルペンルートは多くの観光客が訪れる絶景ルートです。北アルプスの立山連峰と後立山連峰とにはさまれた黒部峡谷に、黒部ダムが完成したのは1963（昭和38）年のこと。毎年雪が溶ける4月下旬から雪の積もる11月ごろまで営業を行っています。

立山黒部アルペンルートの魅力の一つが、多彩な乗りものです。バスのほか、ケーブルカーやロープウェイなどさまざまな乗りものを乗り継ぐことができます。

立山連峰の主峰で標高3003mの雄山の真下を貫く立山トンネルを走るのが、立山黒部貫光のトロリーバスです。トロリーバスとは、正式名称を無軌条電車といい、架線から電気を取り入れてモーターを回して走ります。一方で線路にレールはなく道路となっており、車両はバスにそっくりです。でも、法規上は鉄道の仲間。開業当時はディーゼルエンジンを備えた普通のバスでしたが、トンネル内の環境対策として1996（平成8）年からトロリーバスに変わりました。

アルペンルートにはもう一つ、扇沢～黒部ダム間に関西電力のトロリーバスがありました。こちらは、車両や設備が老朽化したことから、2019（平成31）年4月から電気バスに変更。架線から取り入れた電気をバッテリーに充電して走るもので、見た目はトロリーバスと似ていますが、法規上はバスに分類されます。その結果、立山

無軌条電車線の起点となる室堂駅。標高は2450mと国内の鉄道の駅では最も高い場所にある。*

○立山黒部貫光の8000形車両。外観は一般的なバスと変わらず、車体上空に張られた架線がトロリーバスであることを示す。大観峰駅*

黒部貫光トロリーバスは、日本唯一の無軌条電車となりました。

無軌条電車線のトロリーバスは室堂（むろどう）～大観峰（だいかんぼう）間3.7kmを約10分で結んでいます。トンネルはバス1台が通るのがやっとの単線トンネルで、中間点付近に行き違いできる信号場があります。ここは雄山の直下で、1969（昭和44）年12月に立山トンネルが貫通した場所。前方の出発信号機を見てみましょう。色灯（しきとう）が鉄道の信号と同様縦に並んでいます。

信号場を出てしばらく進むと、照明が青く光る区間があります。ここは、地盤が脆く地下水が流れる破砕帯（はさいたい）。わずか20mほどの区間ですが、工事の際はここを突破するのに13カ月もかかりました。

○8000形の車内は一般的なバスと同じだ。近年は床面の低いバスが増えてきたが、8000形は写真のように床面は高い。*

大観峰駅の手前には、雷殿（らいでん）駅の跡があります。かつてはここから登山道が延びていましたが、崩落によって通行できなくなり、2013（平成25）年に廃止されました。

大観峰駅に着いたら、屋上の展望台に上がってみましょう。狭い谷をせき止めてつくられた黒部ダム（黒部湖）を一望できます。

○大観峰駅から黒部湖を見たところ。黒部湖へは同じく立山黒部貫光のロープウェイが黒部平（くろべだいら）駅まで結んでいる。*

JR西日本・のと鉄道

# 七尾線

津幡～穴水間 [営業キロ]87.5km

[最初の区間の開業]1898(明治31)年4月24日／本津幡～七尾間
[最後の区間の開業]1932(昭和7)年8月27日／能登中島～穴水間
[複線区間]なし
[電化区間]津幡～和倉温泉間／直流1500ボルト
[旅客輸送密度]4807人(津幡～和倉温泉間)、851人(七尾～穴水間)

## 太古のロマンをめぐる旅が楽しめる

七尾線は、石川県津幡町にあるIRいしかわ鉄道の津幡駅を起点とし、石川県穴水町にある穴水駅を終点とする路線です。この路線の線路はすべてJR西日本が所有しています。JR西日本自体が営業を行っている区間は津幡駅と石川県七尾市にある和倉温泉駅との間の59.5kmです。残る和倉温泉～穴水間28.0km、それから和倉温泉駅の1駅津幡駅寄りの七尾駅と和倉温泉駅との間の5.1kmではのと鉄道が営業を行っています。本巻では旅客輸送密度が4000人未満の和倉温泉～穴水間を紹介しましょう。

和倉温泉駅を出発した列車は次の田鶴浜駅を出てしばらくしますと、七尾湾に沿って走

「能登の里山里海」と呼ばれる世界農業遺産を、のと鉄道NT200形ディーゼルカーが行く。田鶴浜～笠師保間*

「演劇ロマン駅」という愛称をもつ能登中島駅の構内には、かつて国鉄で郵便物を輸送していた郵便車のオユ10形が保存されている。*

七尾線沿線の景色を楽しめるようにと、のと鉄道は観光列車の「のと里山里海号」を七尾～穴水間に走らせている。穴水駅　著者撮影

ります。列車の右側に見える海は日本海とつながってはいますが、このあたりは能登（のと）半島の入江となっていますので、荒々しい印象の日本海とは異なり、穏やかです。

笠師保（かさしほ）駅を出ますと七尾湾とは別れ、峠越えの区間となります。峠は次の能登中島（のとなかじま）駅までの間に2カ所あり、こう配は最も急な場所で20パーミルです。

能登中島駅には「演劇ロマン駅」という愛称がつけられました。「演劇」とは駅から北に1.5kmのところにある能登演劇堂にちなんだもの。俳優の仲代達矢（なかだいたつや）氏が主宰する俳優養成所の無名塾がここで公演を行うことでも知られています。いっぽう、「ロマン」とは『万葉集』で知られる大伴家持（おおとものやかもち）がいまの富山県の国司であったころ、能登半島を視察する際に通ったといわれることに由来し、太古のロマンにちなんで名づけられました。

列車が能登中島駅を出ますと、再び峠越えです。こう配は先ほどよりも険しく25パーミルあります。坂を下り終えようかというところで列車の右側に七尾湾が姿を現しました。七尾湾は途中で隠れてしまいますが、次の西岸（にしぎし）駅から能登鹿島（のとかしま）駅の先までは、列車は海岸線に沿って走ります。

能登鹿島駅を出てからしばらく行くと再び峠越えです。今度は2カ所あり、最初の上り坂は22パーミル、次の上り坂は25パーミルと結構なこう配となります。

坂を下りますと市街地が現れ、終点の穴水駅に到着です。この駅からは、朝市で知られる能登半島の観光名所である輪島（わじま）へのバスが発着しており、おおむね1時間ほどで行くことができます。

のと鉄道七尾線の終点、穴水駅。輪島方面のバスが発着し、同社の本社も置かれている。　著者撮影

21

福井鉄道

# 福武線

越前武生〜田原町停留所間、福井城址大名町停留所〜福井駅停留所間　［営業キロ］21.5km

［最初の区間の開業］1924（大正13）年2月23日／越前武生〜神明間
［最後の区間の開業］1950（昭和25）年11月27日／本町通（現在は廃止）〜田原町間
［複線区間］花堂〜田原町間、福井城址大名町〜福井駅間（一部単線）
［電化区間］越前武生〜田原町間、福井城址大名町〜福井駅間／直流600ボルト
［旅客輸送密度］2490人

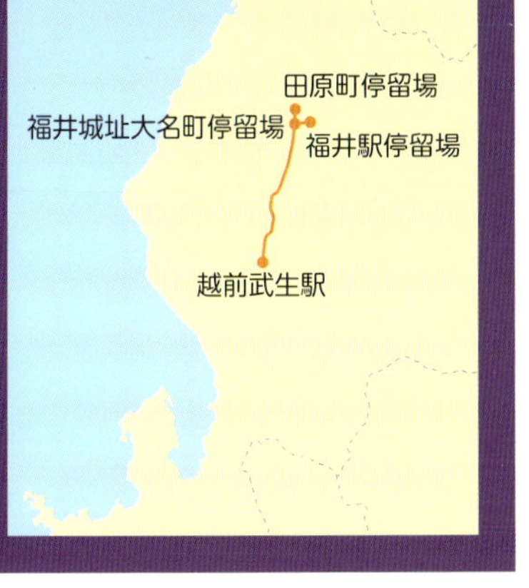


## 一般の鉄道と路面電車との2つの顔をもつ

福井鉄道の福武線は、福井県越前市の越前武生駅を起点とし、福井県福井市の田原町停留場を終点とする路線と、途中の福井城址大名町停留場を起点とし、福井駅停留場を終点とする支線とから成り立っています。越前武生は「駅」、その他は「停留場」となっている理由は、鉄道としての形態が異なっているからです。実は越前武生駅から赤十字前駅を経て商工会議所前停留場の手前にある鉄軌分界点までは一般的な形態の鉄道であるのに対し、鉄軌分界点から田原町停留場まで、そして福井城址大名町〜福井駅間は道路上を走る路面電車となっています。

○越前武生駅で出発を待つ福武線の電車。福武線の電車は大部分が路面電車向けにつくられており、一般的な鉄道向きの電車は残りわずかとなった。*

JR西日本北陸線の武生駅から北に300mほど離れた場所に設けられた駅が越前武生駅です。この駅を出発した列車は北陸線とともに北上します。しかし、すぐに左に分かれてしまい、右に曲がると車両基地のある北府駅に到着です。

北府駅を出た列車は引き続き越前市の市街地を走ります。スポーツ公園駅を経て次の家久駅の先までまっすぐ進んだ列車がほぼ直角に右に曲がると、目の前に日野川が現れました。長さ175mの日野川橋りょうを通って川を渡り終えますと、今度は左にやはりほぼ直角に曲がり、家久駅までと同じ向きで走り出します。川をできる限り短い距離で渡るため、川の前後に大きなカーブを採り入れたのです。

日野川を渡って福井県鯖江市に入りました。相変わらず市街地が続き、ローカル鉄道路線という趣はあまり感じられません。西鯖江駅を出ますと、列車の前にそびえる長泉寺山を右に曲がって避け、この山のふもとにある

○福井駅停留場で出発を待つ越前武生行きの電車。2016年に駅前広場が整備された際、福武線の線路は100m、JR西日本福井駅の駅舎寄りに移設された。

西山公園（にしやまこうえん）への最寄駅となる西山公園駅に到着です。

列車が鳥羽中（とばなか）駅を出て、浅水川（あそうずがわ）を渡ると線路の周囲に水田が目立つようになりました。でも江端（えばた）駅のあたりから福井市の市街地となり、赤十字前駅を出発した列車は左に折れ、フェニックス通りの新木田（しんきだ）交差点から道路を走ります。つまり、この交差点が鉄軌分界点です。

路面電車となった福武線の電車はフェニックス通りを北上します。大名町交差点を通り過ぎますと福井城址大名町停留場です。ここから分かれる福井駅停留所への支線は、いったん南に戻って大名町交差点を東に向かって曲がり、しばらくまっすぐに走った後、左にカーブして福井駅西口の広場に乗り入れます。

福井城址大名町停留場を出発しますと、電車の右側に福井城址が見えてきました。興味深いことにかつての城の跡に福井県庁や福井県警察本部、福井県議会議事堂が建てられています。

フェニックス通りをさらに北上しますと、前方にえちぜん鉄道三国芦原（みくにあわら）線の踏切が現れました。福武線の線路はフェニックス通りから左側に離れ、三国芦原線の線路に吸い込まれるようにして、終点となる田原町停留場に到着です。

○福井城址大名町停留場は福井城址に近く、福井県庁や福井市役所などのある福井市の中心にある。*

○福武線は、写真のような一般的な鉄道の区間が18.1km、路面電車の区間が3.4kmという構成で営業を行っている。北府～越前武生間*

22

天竜浜名湖鉄道

# 天竜浜名湖線

掛川〜新所原間　[営業キロ] 67.7km

[最初の区間の開業] 1935（昭和10）年4月17日／掛川〜遠州森間
[最後の区間の開業] 1940（昭和15）年6月1日／遠州森〜金指間
[複線区間] なし
[電化区間] なし
[旅客輸送密度] 758人

## 魅力的な車窓風景の宝庫

静岡県を走る天竜浜名湖鉄道天竜浜名湖線、通称天浜線は、浜名湖の北側を走るのどかなローカル鉄道路線です。もともとは、JR東海東海道線の掛川駅を起点とし、途中の天竜二俣駅で分かれ、愛知県新城市にあるJR東海飯田線の三河大野駅を経て、岐阜県恵那市にあるJR東海中央線の恵那駅を終点とする路線として計画されました。しかし、昭和に入って日本が戦争への道を歩み始めると、陸軍はいまの東海道線が敵軍に攻撃される事態に備えて、迂回ルートの建設を要求します。こうして天竜二俣駅からJR東海東海道線の新所原駅まで建設されたのが国有鉄道の二俣線、現在の天竜浜名湖線でした。

現在も、天浜線には昭和初期に建設された施設が数多く残り、駅舎やホーム、橋りょう、そして転車台や扇形車庫など、36もの施設が国の登録有形文化財になっています。特に、天竜二俣駅に隣接する車両基地は必見。現在もディーゼルカーの基地として使われているほか、毎日1回（週末は2回）、見学会が実施されており、80年前の鉄道文化に触れることができます。

そんな天浜線は、車窓風景の宝庫でもあります。始発駅である掛川駅から6つ目の原谷駅を出ると、沿線に茶畑が増えてきます。天浜線の沿線は、日本でも有数のお茶の産地。毎年5月ごろには、茶摘みの風景も見られます。

左から天竜川が近づき、街中に入ると天竜二俣駅に到着。駅舎とプラットホーム、そして隣接する車両基地と、さまざまな施設が文化財に登録されています。まもなく渡る川は天竜川です。

遠江一宮駅に進入した列車。この駅の木造駅舎は国の登録有形文化財として登録され、駅舎では手打ちそば店が営業を行っている。*

○茶畑の中を行く天竜浜名湖線の列車。写真の車両はTH9200形ディーゼルカーで、団体客の乗車に備えて車内はカラオケなどが設けられた。遠江一宮～敷地間*

○二俣本町駅と西鹿島駅との間で天竜川を渡る。天竜川橋りょうの長さは403mだ。*

金指駅の先で不思議なコンクリートの構造物をくぐります。これは、1964（昭和39）年に廃止された遠州鉄道奥山線の陸橋跡。かつては、ここを軌間0.762mの小さな車両が走っていました。金指駅からバスで15分の観光鍾乳洞、竜ヶ岩洞には、当時の車両の実物大模型が展示されています。

西気賀駅付近から、左手に浜名湖が見えてきます。東海道新幹線などから見える浜名湖とはまた違った、静かな湖面は奥浜名ならでは。湖畔に位置する浜名湖佐久米駅は、毎年12月から3月にかけて、ユリカモメの群れがやって来ます。地元の人が、列車の到着に合わせて餌をやっているのです。

周囲の山を見ると、みかん畑がたくさんあることに気づきます。三ヶ日駅の周辺は、日本有数のみかんの産地。南を向いた緩やかな斜面は日照時間が長く、みかんの栽培に適しています。

浜名湖といえば鰻が有名。終点の新所原駅では、改札横に鰻店があり、できたての鰻丼を買うことができます。熱々の鰻丼を買って、新所原駅から天浜線の旅を始めるのもよいでしょう。

○浜名湖を遠く見ながら田園地帯を行く。写真奥に見える橋は東名高速道路の浜名湖橋だ。気賀～西気賀間*

JR東海・東海交通事業

# 城北線

**勝川～枇杷島間** [営業キロ] 11.2km

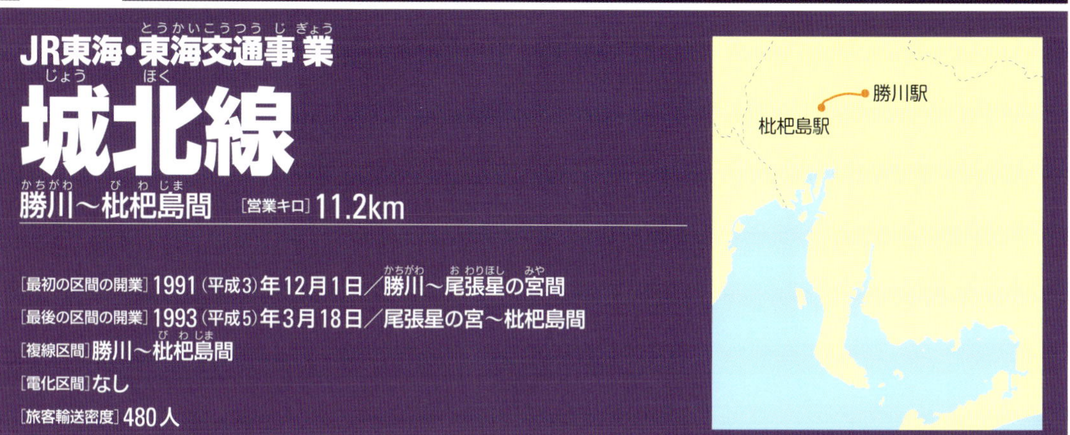


[最初の区間の開業] 1991（平成3）年12月1日／勝川～尾張星の宮間
[最後の区間の開業] 1993（平成5）年3月18日／尾張星の宮～枇杷島間
[複線区間] 勝川～枇杷島間
[電化区間] なし
[旅客輸送密度] 480人

## 貨物用を旅客列車向けに転用した路線だが……

JR東海・東海交通事業の城北線は、愛知県春日井市にあり、JR東海中央線の列車も発着する勝川駅を起点とし、愛知県清須市にあり、JR東海東海道線の枇杷島駅を終点とする路線です。城北線の線路はJR東海が保有し、実際の旅客営業は東海交通事業が行っています。

実はこの路線は、もともと貨物列車を走らせるためにJR東海、JR貨物の前身の国鉄が計画したものです。東海道線や中央線、関西線の旅客列車が多数集まって混雑の激しい名古屋駅を貨物列車が通らなくてもすむよう、東海道線の岡崎駅から中央線の高蔵寺駅を通り、中央線を経由して勝川駅から東海道線の枇杷島駅や稲沢駅へと通り抜けるルートが計画されました。しかし、国鉄の貨物輸送が低迷し、しかも財政状況も悪化したため、1970年代に一部が完成した線路は営業を開始せずに放置されたのです。1990年代に入り、せっかくの線路を使わないのはもったいないと営業を始めましたが、あまりに利用しづらいこともあってローカル鉄道路線となってしま

勝川駅で出発を待つ枇杷島駅行きの列車。JR東海中央線の勝川駅とは500mほど離れている。*

いました。その理由を列車に乗りながら探ってみましょう。

城北線の勝川駅は中央線の勝川駅から何と500mあまり離れていて、しかも連絡通路ではなく一般の道路を歩いて行くので、道に迷うかもしれません。ともあれ、勝川駅を出発した列車は右に曲がり、やがて名古屋第二環状自動車道の高架橋をくぐり、そのまま並走していきます。線路の周囲は市街地で、しかも住宅や工場、商店が密集した場所です。

しばらく行くと名古屋鉄道の小牧線とほぼ直角に交差しますが、双方の路線とも駅はないので乗り換えできません。この交差地点からさらに500mほど進みますと味美駅です。なお、小牧線にも味美駅はありますが、直線距離で800mほど離れていて、乗換駅とはとてもいえません。

味美駅を出発してからも名古屋第二環状自動車道と並走します。途中でこの自動車道が名古屋高速1号楠線と直角に交差する楠ジャンクションが現れました。高架橋が複雑に入り組んだなかを列車は進みます。

比良駅を出てしばらくしますと、名古屋第二環状自動車道が線路から右方向に離れていきました。見通しがよくなったところで、小田井駅に到着です。小田井駅のすぐ先で名古屋鉄道犬山線や名古屋市交通局3号線鶴舞線と交差しますが、両線の上小田井駅は小田井駅から500mほど離れていて、やはり乗り換えは難しいといえます。この手の都市部の外側をぐるりと回る路線は、放射状に延びる路線と接続することで生かされるのですが、城北線ではうまくいっていないのが、利用が低迷している理由の一つかもしれません。

尾張星の宮駅を経て、列車は終点の枇杷島駅に到着です。城北線のプラットホームは東海道線の枇杷島駅構内に設けられていますので、乗り換えは跨線橋を渡るだけと、ようやく楽になりました。

○城北線で用いられているのはキハ11形というディーゼルカーだ。そのキハ11形は、2両が全線複線の城北線で用いられている。比良～小田井間＊

○愛知県清須市にある尾張星の宮駅。駅前広場は整備され、高架橋上に設けられた近代的な駅ながら、発着する列車の本数は極めて少ない。＊

○城北線の終点で、JR東海東海道線との乗換駅でもある枇杷島駅。勝川駅とは異なり、こちらは乗り換えしやすい。＊

三岐鉄道

# 三岐線／近鉄連絡線／北勢線

富田～西藤原間［営業キロ］26.5km（三岐線）、三岐朝明信号場～近鉄富田間［営業キロ］1.1km（近鉄連絡線）、西桑名～阿下喜間［営業キロ］20.4km（北勢線）

［最初の区間の開業］1931（昭和6）年7月23日／富田～東藤原間（三岐線）、1970（昭和45）年6月25日／三岐朝明信号場～近鉄富田間（近鉄連絡線全通）、1914（大正3）年4月5日／西桑名～楚原間（北勢線）

［最後の区間の開業］1931（昭和6）年12月23日／東藤原～西藤原間（三岐線）、1931（昭和6）年7月8日／六石（現在は廃止）～阿下喜間（北勢線）

［複線区間］なし

［電化区間］富田～西藤原間（三岐線）、三岐朝明信号場～近鉄富田間（近鉄連絡線）／直流1500ボルト、西桑名～阿下喜間（北勢線）／直流750ボルト

［旅客輸送密度］2948人（三岐線、近鉄連絡線、北勢線の合計）

## 個性豊かな3つの路線

三岐鉄道は三岐線、近鉄連絡線、北勢線の3つの路線で営業を行っています。三岐線は三重県四日市市にあり、JR東海関西線の列車も発着する富田駅を起点とし、三重県いなべ市の西藤原駅を終点とする26.5kmの路線です。近鉄連絡線は三岐線の富田駅と大矢知駅との間に設けられた三岐朝明信号場を起点とし、近畿日本鉄道名古屋線の列車も発着する近鉄富田駅を終点としています。路線の長さは1.1kmです。北勢線は三重県桑名市の西桑名駅を起点とし、三重県いなべ市の阿下喜駅を終点としています。路線の長さは20.4kmです。なお、三岐線の富田駅と三岐朝明信号場との間に旅客列車は運転されていません。

名古屋線の近鉄富田駅と同じ駅構内を出発した近鉄連絡線の列車は、名古屋線の複線の西側を走り、400mほど並走した後、左側に分かれます。やがて関西線を立体交差で乗り越えますと、右側に富田駅からの三岐線の線路が現れました。2組の線路が合流した直後に再び関西線を立体交差で乗り越えます。

西を目指す三岐線の線路の周囲はしばらくの間、四日市市近郊の市街地です。平津駅を過ぎますとところどころで水田が見えますが、それでも駅の周囲は市街地となります。次の暁　学園前駅を出ますと列車の右側に朝明川が姿を見せました。山城駅を過ぎますと、朝明川からは離れ、次の保々駅を出発した列車は右に曲がり、朝明川を渡ってしまいます。

周囲は開けた場所ながら、梅戸井駅から続いた25パーミルのこう配を上りきると東藤原駅です。この駅は太平洋セメント藤原工場に隣接した駅で、三岐線の貨物列車はこの工場で製造されたセメントを関西線を通じて運んでいます。東藤原駅を出ますとその藤原工場の敷地を走り、通り抜けたと思ったら西野

夏の日、水田地帯を三岐線の電車が行く。写真の電車を含めて三岐線では元西武鉄道の電車が用いられている。三里～丹生川間*

○左右のレールの幅が0.762mと北勢線は全国的にも希少な路線だ。写真のアーチ橋は明智川拱橋で長さは19m、通称めがね橋という。楚原〜麻生田間*

尻駅に着き、水田地帯を走って終点の西藤原駅に到着しました。

北勢線の列車は、関西線や名古屋線の桑名駅の駅舎から南に200mほど離れた西桑名駅のプラットホームを発着します。列車に乗ろうとすると気づくのは、軌間と呼ばれる2本のレール間の幅が狭い点でしょう。本巻で紹介した黒部峡谷鉄道や四日市あすなろう鉄道と同じく0.762mしかありません。

南に向かって出発した列車は、右に曲がって関西線と名古屋線との線路を立体交差で乗り越えました。桑名市の市街地を走り、西を目指します。線路の周囲が水田地帯となるのは七和駅を過ぎたあたりからです。

線路の周囲は比較的開けていたなか、楚原駅と麻生田駅との間では木々のなかを行く場所があり、峠越えの雰囲気が味わえます。地図では並走しているものの、なかなか見えなかった員弁川は麻生田駅の手前で現れました。そのまま列車は終点の阿下喜駅に到着です。

○三岐鉄道は三岐線の丹生川駅構内に貨物鉄道博物館を設け、写真の元東武鉄道の蒸気機関車をはじめ、貨物輸送に関する車両や資料を数多く展示している。*

○三岐線のもう一つの主役は貨物列車で、沿線で産出された石灰石を運ぶほか、セメント工場向けに石炭灰も輸送する。後方に見える山は藤原岳で、石灰石を切り出したために山肌があらわとなった。三里〜丹生川*

四日市あすなろう鉄道

# 内部線 あすなろう四日市～内部間 [営業キロ] 5.7km
# 八王子線 日永～西日野間 [営業キロ] 1.3km

[最初の区間の開業] 1916（大正5）年12月1日／あすなろう四日市～日永間（内部線）、1916（大正5）年12月1日／日永～西日野間（八王子線、全通）
[最後の区間の開業] 1922（大正11）年6月21日／小古曽～内部間
[複線区間] なし
[電化区間] あすなろう四日市～内部間（内部線）、日永～西日野間（八王子線）／直流750ボルト
[旅客輸送密度] 4090人（内部線と八王子線との合計）

## 貴重な街中のナロー鉄道

四日市あすなろう鉄道は、本巻で紹介している黒部峡谷鉄道本線、三岐鉄道北勢線とともに、現在ではとても珍しい全線が軌間0.762mの特殊狭軌、通称ナローの鉄道です。軌間は新幹線（1.435m）の約半分しかありません。人口が少ない地方都市でも安く鉄道をつくれるとして、大正時代に建設ブームとなった軽便鉄道の一つで、2015（平成27）年3月31日までは近畿日本鉄道（近鉄）が運営していました。近鉄は鉄道を廃止して線路跡をバス専用道とするBRT（バス高速輸送システム）にしたいと提案しましたが、沿線の三重県四日市市が鉄道の存続を希望。現在は車両や施設を四日市市が保有し、近鉄の子会社として設立された四日市あすなろう鉄道が、施設を無償で借りて運行を行っています。

路線は、あすなろう四日市駅と内部駅を結ぶ内部線と、途中の日永駅から分岐して西日

○八王子線と分かれた後、南日永駅と泊駅との間を列車が行く。沿線の大部分は民家が建ち並んだ区間ながら、ときおり水田も見ることができる。*

○宅地化が進むなか、わずかに残された水田地帯を走る内部線の列車。写真の電車は近畿日本鉄道時代のもので、パステルカラーが特徴であった。いまはすべてリニューアルされ、青色または緑色と白色とのツートンカラーに変更されている。南日永～泊間*

野駅までの八王子線とに分かれていますが、列車はすべてあすなろう四日市駅から発着。内部行きと西日野行きとが交互に発着します。

まずは内部線の電車に乗りましょう。軌間が狭いだけあって車両も小ぶりです。現在主力の260系電車は、通路の両側に進行方向を向いたクロスシートが1列ずつ配置されているという珍しい仕様です。2015年9月には、33年ぶりの新車となるサ180形が導入されました。

近鉄名古屋線近鉄四日市駅の高架下にある、あすなろう四日市駅を発車した電車は、民家の裏をガタゴトと走ります。鹿化川を渡ると、西日野駅方面の線路が分岐して、プラットホームがハの字状に配置された日永駅に到着。八王子線と分かれた内部線は、天白川を渡って南に向かいます。列車からはあまり見えませんが、進行方向左側、線路の東側に並走している道は、旧東海道。泊駅と追分駅との間には、大阪に向かう東海道と、伊勢へ至る伊勢街道との分岐点である日永の追分があり、常夜灯や道標などがあります。終点の内部駅は、旧東海道と現在の国道1号との合流点にあり、鈴鹿方面に延伸しようとした用地の名残りが内部川まで見ることができます。

○日永駅を内部線の南日永駅方面から見たところ。0.762mという左右のレールの幅の狭さがよくわかる。

日永駅から分岐する八王子線は、1.3kmのミニ路線。天白川の左岸をまっすぐ進み、左に田んぼが増えてくるとすぐに終点、西日野駅です。以前はここから1.7km先の伊勢八王子駅まで通じていましたが、1974（昭和49）年の集中豪雨で不通になり、そのまま廃止されました。西日野駅から1kmあまり歩いたところにある酒造会社に、廃止された室山駅の駅名標が保存されています。

○日永駅で内部線と分岐して八王子線へと向かう列車。「四日市-西日野」という行先表示からも八王子線の列車であることがわかる。*

●著者略歴

**梅原 淳**（うめはら・じゅん）

1965年生まれ。三井銀行（現在の三井住友銀行）、月刊「鉄道ファン」編集部などを経て、2000年に鉄道ジャーナリストとして独立。『ビジュアル 日本の鉄道の歴史』全3巻（ゆまに書房）『JRは生き残れるのか』（洋泉社）『定刻運行を支える技術』（秀和システム）をはじめ多数の著書があり、講義・講演やテレビ・ラジオ・新聞等へのコメント活動も行う。

**ワクワク!! ローカル鉄道路線**

**北陸・信越・中部編**

2019年1月15日　初版1刷発行

著者　梅原 淳

執筆協力　栗原 景

発行者　荒井秀夫

発行所　株式会社ゆまに書房

東京都千代田区内神田2-7-6

郵便番号　101-0047

電話　03-5296-0491（代表）

印刷・製本　株式会社シナノ

本文デザイン　川本 要



ISBN978-4-8433-5332-5 C0665

落丁・乱丁本はお取替えします。

定価はカバーに表示してあります。